Kostenlose Online-Spiele Entdecken

Hier Erhältlich:

BestActivityBooks.com/FREEGAMES

5 TIPPS FÜR DEN ANFANG!

1) LÖSUNG DER RÄTSEL

Die Puzzles haben ein klassisches Format :

- Die Wörter sind ohne Abstand, Bindetrich usw… versteckt
- Richtung : vor-& rückwärts, auf & ab oder in der Diagonale (beider Richtungen)
- Die Wörter können übereinanderliegen oder sich kreuzen

2) AKTIVES LERNEN

Neben jedem Wort ist ein Abstand vorgesehen zum Aufschreiben der Übersetzung. Um ihre Kenntnisse zu überprüfen und zu erweitern befindet sich am Ende des Buches ein **WÖRTERBUCH**. Suchen sie die Übersetzungen, schreiben sie sie auf, dann können sie sie in den. Puzzles suchen und ihrem Wortschatz hinzufügen.

3) ANZEICHNUNG DER WÖRTER

Haben sie schon einmal versucht eine Anzeichnung zu verwenden? Sie könnten zum Beispiel die Wörter, die schwer zu finden sind, ankreuzen, die Wörter, die sie lieben, mit einem Stern, neue Wörter mit einem Dreieck, seltene Wörter mit einem Diamant usw … anzeichnen

4) IHR LERNEN ORGANISIEREN

Am Ende dieser Ausgabe bieten wir auch ein praktisches **NOTIZBUCH** an. Ob im Urlaub, auf Reisen oder zu Hause, sie können ihr neues Wissen ganz einfach organisieren, ohne ein zweites Notizbuch zu benötigen!

5) SIND SIE AM SCHLUSS ?

Gehen sie zum Bonusbereich : **MONSTER-HERAUSFÖRDERUNG,** um ein kostenloses Spiel zu finden, das am Ende dieser Ausgabe angeboten wird !

Lust auf mehr Spaß und Lernaktivitäten? **Schnell und einfach :** eine ganze Spielbuchsammlung mit einem einzigen Klick erhaltbar :

Mit diesem Link finden sie ihre nächste Herausforderung :

BestActivityBooks.com/MeineNachsteWortsuche

Achtung, fertig, ... Los !!

Wussten sie, dass es auf der Welt ungefähr 7.000 verschiedene Sprachen gibt ? Wörter sind kostbar.

Wie lieben Sprachen und haben schwer daran gearbeitet, die Bücher von höchster Qualität für sie zu entwerfen. Unsere Zutaten ?

Eine Auswahl von angepassten Lernthemen, drei große Scheiben Spaß, dann fügen wir einen Löffel schwieriger Wörter und eine Prise seltener Wörter hinzu. Wir servieren sie mit Sorgfalt und ein Maximum an Freude, damit sie die besten Wortspiele lösen und Spaß am Lernen haben.

Ihre Meinung ist wichtig. Sie können aktiv zum Erfolg dieses Buches beitragen, indem sie uns eine Bemerkung hinterlassen. Sagen sie uns, was ihnen an dieser Ausgabe am besten gefallen hat !!

Hier ist ein kurzer Link, der sie zu ihrer Bewertungsseite führt

BestBooksActivity.com/Rezension50

Vielen Dank für ihre Hilfe und viel Spaß

Linguas Classics

1 - Gesundheit und Wellness #2

```
A P E T I T S E L O B U I A R G
M A S A Ž A J I G R E N E B C R
S T R S S T S T R E S S P H P J
F P I N F E K C I J A Z F P N K
A A A A U J W G I O N L O E J A
C N V V Đ I B U E E I I F J T L
I I A A A D C Đ S N Ž K S C Z E
N M R T Z P D U H E S Đ E F R
L A D L O T I Y P C T T G F V G
O T Z B V M C H C R H R I A C I
B I U N D D I E S U Z O V K K J
V V Z L U J Z J L W V P Y F A A
E S G E M F I P A I E S A M W P
U A L O V C R H I G I J E N A N
K A L O R I J A O S N N U R W L
Z F N Đ K O H M P J L I M U W G
```

ALERGIJA

ANATOMIJA

APETIT

KRV

DIJETA

ENERGIJA

GENETIKA

ZDRAV

TEŽINA

HIGIJENA

INFEKCIJA

KALORIJA

BOLNICA

BOLEST

MASAŽA

RIZICI

SPAVATI

SPORTSKI

STRES

VITAMIN

2 - Ozean

```
K O T U N A I H Š K A M P I B K
C O L I M R M O G R O I Z V A A
C E R U O S S B Y Z M I I O W M
O A Č A J N R O K G J S Đ L S E
I F O Z L A Đ T Z F M D A A O N
S J M U A J Y N B R B P Y V L I
S R F D K E A I H I Y P W Đ Z C
J W K E Z K O C B Đ H O V I L A
O E A M B I S A P I K S R O M P
S M G V L T R I B A E F N E Y J
N I P U D S P U Ž V A J D Z T G
E L F W L Z T L E O O F Y R A K
B P B F T J U I C R A Y R H H H
E R N E J C A M A Č K S U Đ I Z
R D E V H V J A I K J G Y A T F
G H L K G U D H C I S Đ K K N W
```

JEGULJA	HOBOTNICA
KAMENICA	MEDUZA
ČAMAC	GREBEN
DUPIN	SOL
RIBA	KORNJAČA
ŠKAMPI	SPUŽVA
PLIME	OLUJA
MORSKI PAS	TUNA
KORALJA	KIT
RAK	VALOVI

3 - Krankheit

```
D D V A B K I S I N U S E L N M
G N F K M Đ R M A J I P A R E T
C Đ K U C J B O U V S Đ Z O U B
R F B T T G A Z N N P A Đ J R R
B A U A T C B G A I I S U Đ O Z
A A I N Đ T I D O A Č T H U P A
L T K S W R D I H L K A E N A R
S U S T S R C E Y E M K N T T A
N P T Y E W Đ Y J R O O T W I Z
G A E C D R J S U G R S I E J A
S L N F W U I N Š I D T J L A N
E A E U R W W J Z J N I E L W L
W G G B A M D S S E I U L N S G
Z D R A V L J E U K S M O E H A
N A S L J E D N O Đ I D E S H L
M J S Y N J Đ D A G S A E S K P
```

AKUTAN	SRCE
ALERGIJE	IMUNITET
ZARAZAN	KOSTI
DIŠNI	TIJELO
BAKTERIJSKI	NEUROPATIJA
KRONIČAN	SLAB
UPALA	SINUS
NASLJEDNO	SINDROM
GENETSKI	TERAPIJA
ZDRAVLJE	WELLNESS

4 - Meditation

```
I  E  D  D  A  P  L  C  B  Z  Đ  J  S  I  V  M
N  T  J  U  T  O  M  W  G  O  C  G  R  V  C  I
F  B  P  Z  A  K  G  V  L  W  M  J  E  V  W  R
O  R  T  D  R  R  R  N  A  Y  U  T  Ć  V  L  G
P  D  Z  A  P  E  I  J  Z  Y  S  Č  A  Đ  J  H
L  R  S  K  E  T  H  F  B  S  S  V  I  Z  A  S
M  J  I  L  S  I  M  K  A  N  I  Š  I  T  V  U
E  B  U  H  P  A  Ž  N  J  A  I  V  U  J  I  O
N  U  M  B  V  A  F  E  C  G  G  K  Č  A  T  S
T  D  D  T  A  A  D  O  R  I  R  P  E  S  K  J
A  A  W  F  Y  Z  Ć  Y  O  K  J  J  N  N  E  E
L  N  C  K  H  G  N  A  R  I  M  U  J  O  P  Ć
N  G  Đ  G  B  F  H  O  N  A  C  B  A  Ć  S  A
O  E  L  F  M  J  Y  I  S  J  F  S  P  A  R  N
I  N  I  U  C  F  K  N  F  T  E  O  V  T  E  J
P  F  O  Z  A  H  V  A  L  N  O  S  T  K  P  E
```

PRIHVAĆANJE	UČENJA
PAŽNJA	UČITI
POKRET	SUOSJEĆANJE
ZAHVALNOST	GLAZBA
LJUBAZNOST	PRIRODA
MIR	PERSPEKTIVA
MISLI	MIRAN
MENTALNO	TIŠINA
SREĆA	UM
JASNOĆA	BUDAN

5 - Insekten

```
G T B T O B C K C U S P K C W W
W L C I J N O K N I L I V A R M
J D H R M J Z G R Y G N L R G Đ
S T R Š L J E N O V D E Z A B T
I K A H E P A N R M Đ Z E M M H
C F N O W I M T T D O D J O N Đ
I Z L C I Š U E N S I L V K R H
B U H A L E Č P J R D Y J Đ Y B
L A R V A J B Y K C Z N H K R U
A J I A R T E R M I T O U P A B
C Z T K M A W P V A I I T F H A
V M P A S O L K B P R K N M O Y
R F E K H I L K U Đ O R C D Ž S
Č M L S P A T J R E O H Đ C H M
A R O Z S D A R A M A B U B R F
K J G P N Đ H F Đ C C C G O Z V
```

MRAV	VILIN KONJIC
PČELA	BUBAMARA
LISNE UŠI	MOLJAC
BUHA	KOMARAC
BOGOMOLJKA	LEPTIR
SKAKAVAC	TERMIT
STRŠLJEN	OSA
ŽOHAR	CRV
BUBA	CVRČAK
LARVA	

6 - Gesundheit und Wellness #1

```
D M U U R K P A K I V A N G L B
L E Đ N Z G A G M L J U A P M A
A D E J L Z O G N P I Y F M H K
V I F L A W P E R L D N J J M T
A C M L H J Y N J N F E I R T E
L I T K L R R M K U P C O K D R
O N M N H N E V A U U M P B A I
M S L I J E Č E N J E L U A L J
S K V I R U S S R Ž G I Š B G E
B I F T P Y A T A I R J T L H S
T E R A P I J A K V E E A S J C
A K T I V A N N E C F Č N I O O
T R L G J Ž O I J I L N J G G K
Z Z O J W O I S L Đ E I E K U U
L I J E K K W I C Đ K K G Y R P
H N G A W K M V G E S O I J D H
```

AKTIVAN	GLAD
LJEKARNA	KLINIKA
LIJEČNIK	KOSTI
BAKTERIJE	LIJEK
LIJEČENJE	MEDICINSKI
OPUŠTANJE	ŽIVCI
LOM	REFLEKS
NAVIKA	TERAPIJA
KOŽA	OZLJEDA
VISINA	VIRUS

7 - Obst

```
B  B  O  V  N  C  Z  G  A  Č  N  A  R  A  N  J
J  E  A  Đ  C  Y  R  R  N  O  R  V  K  K  A  A
V  U  U  N  A  C  R  O  A  Š  L  J  I  V  A  B
N  P  P  D  A  T  T  Ž  N  K  O  K  O  S  L  U
G  T  A  J  N  R  Đ  A  T  D  W  J  B  I  K
M  A  L  I  N  A  A  E  S  C  A  B  J  O  M  A
W  J  C  V  I  V  J  Đ  H  C  K  O  A  O  U  I
H  A  N  I  D  K  N  U  Y  S  O  B  N  E  N  P
Z  P  Y  K  L  S  Š  E  M  H  V  I  P  U  N  C
R  A  I  Y  K  E  E  T  L  J  A  C  M  M  E  T
K  P  W  G  P  R  R  M  T  E  O  A  C  H  T  F
Đ  U  W  F  V  B  T  A  K  R  U  Š  K  A  E  K
E  D  P  J  E  R  G  C  M  I  F  W  J  C  S  K
F  D  S  I  D  Y  F  P  J  I  L  I  O  S  T  W
P  U  F  O  N  A  P  W  T  R  H  F  D  Y  O  D
W  E  H  J  L  A  N  E  J  F  V  B  O  K  Đ  W
```

ANANAS	TREŠNJA
JABUKA	KIVI
MARELICA	KOKOS
AVOKADO	DINJA
BANANA	NARANČA
BOBICA	PAPAJA
KRUŠKA	BRESKVA
KUPINA	ŠLJIVA
GREJP	GROŽĐE
MALINA	LIMUN

8 - Einwanderung

```
P A K G F B C B S G E B S B M P
R C U K R A D C O I J J I Z G Đ
E K Ć Z O A Đ I V F N O T D A E
G I I F R M N M G Z A D U E P V
O P Š O O L U I L J R R A H K V
V O T I K N F N C M I A C E J D
A M E W I M M V I E C S I J S Z
R O A Y W D Z P G K N L J N W A
A Ć V E A N F E R W A I A E M Š
N P A Đ Y N I A J N N C F Š F T
J Y R W Y M K P H M I V I E M I
E U P O B F R C Y G F W H J C T
E G U H C U Y K V T N I H R A A
U O Y Z J E J N E R B O D O G G
R J E Z I K S E R T S D P M M T
Č A S N I K I U V B Z A K O N P
```

ODRASLI
FINANCIRANJE
ROK
KUĆIŠTE
ODOBRENJE
ZAKON
GRANICE
POMOĆ
DJECA
KOMUNIKACIJA

RJEŠENJE
ČASNIK
PROCES
ZAŠTITA
SITUACIJA
JEZIK
STRES
PREGOVARANJE
UPRAVA

9 - Universsum

```
I  W  J  F  I  P  S  V  I  J  L  D  I  V  J  D
A  T  M  O  S  F  E  R  A  K  J  U  Đ  K  D  W
Š  B  I  B  Đ  P  E  T  W  S  Č  Ž  Y  B  A  W
K  I  G  E  B  W  O  R  Z  K  V  I  E  Y  J  A
O  M  R  N  V  Đ  H  J  C  Đ  U  N  M  Y  I  J
E  Z  L  I  D  I  O  R  E  T  S  A  O  Z  M  I
V  Z  O  B  N  C  H  T  S  H  W  T  N  H  O  S
W  Z  R  O  T  A  V  K  E  T  U  I  O  O  N  K
T  E  L  E  S  K  O  P  J  Z  B  B  R  R  O  A
P  K  V  Y  J  R  L  C  M  L  V  R  T  I  R  L
H  E  M  I  S  F  E  R  A  L  S  O  S  Z  T  A
S  O  L  S  T  I  C  I  J  M  E  P  A  O  S  G
N  B  R  E  M  A  P  N  A  Đ  A  C  N  N  A  T
F  A  M  O  L  T  I  K  W  E  Z  T  H  T  E  O
I  G  Đ  N  F  Z  O  D  I  J  A  K  P  S  B  G
R  Z  P  S  U  Z  P  M  P  I  S  Z  P  Z  B  E
```

ASTEROID
ASTRONOM
ASTRONOMIJA
ATMOSFERA
EON
EKVATOR
ŠIRINA
TAMA
GALAKSIJA
HEMISFERA

NEBO
HORIZONT
KOZMIČKI
DUŽINA
MJESEC
ORBITA
VIDLJIV
SOLSTICIJ
TELESKOP
ZODIJAK

10 - Camping

```
Z A V A B A Z W Đ W Z A D F Đ J
E D V K A B I N A V Z J K K V E
R O T A Š K Y S M G R B A P J Z
S R D C N Y Đ B U T D L N V G E
E I E U N T Š E Š I R O U H D R
B R G O U B U P E P P V Đ R H O
L P M R V C Ž R L K M J E S E C
K O M P A S I M A A U E L O C A
Z V H H A I V W R L N K P H V D
V I S E Ć A O T T U S I A L Đ H
O J T E F A T R A K B M N C U R
D I S D B U I E V C K Y F A E N
F E N J E R N R S K A P D S R L
Z Ž L U Y R J W O E O E N Z S J
T U I D Đ L E W N G N S A A U J
F V D J A K P Z Đ B M L G L Z V
```

AVANTURA
PLANINA
VATRA
VISEĆA
ŠEŠIR
KUKAC
LOV
KABINA
KANU
KARTA

KOMPAS
FENJER
MJESEC
PRIRODA
JEZERO
UŽE
ZABAVA
ŽIVOTINJE
ŠUMA
ŠATOR

11 - Zeit

```
D  H  D  K  T  R  W  S  Đ  M  G  O  N  A  B  N
E  Ć  E  J  L  O  T  S  A  N  I  D  O  G  U  I
S  K  A  L  E  N  D  A  R  D  K  I  N  W  D  Y
E  P  O  D  N  E  J  J  L  E  A  H  A  J  U  B
T  J  R  P  Y  P  L  M  Đ  A  Đ  O  R  K  Ć  F
L  Z  T  B  T  V  B  W  A  J  S  M  A  C  N  Y
J  K  U  M  N  A  I  P  S  C  G  B  W  L  O  W
E  Y  J  I  J  N  Š  I  D  O  G  K  Đ  S  S  Y
Ć  S  Đ  N  A  R  V  R  M  O  K  L  U  A  T  O
E  I  M  U  T  S  A  T  Ć  P  D  A  N  A  S  E
I  Đ  Đ  T  B  N  A  K  O  N  M  J  U  Č  E  R
Y  V  K  A  V  A  A  L  N  B  O  J  L  C  I  I
S  A  I  C  B  D  C  D  H  D  Đ  S  E  F  K  G
S  H  N  H  L  E  B  U  R  T  Z  W  H  S  P  A
H  U  A  E  Z  J  D  C  Y  T  V  O  C  D  E  M
N  Y  N  O  I  T  P  R  I  J  E  J  Đ  U  S  C
```

RANO	PODNE
JUČER	MJESEC
DANAS	JUTRO
GODINA	NAKON
STOLJEĆE	NOĆ
DESETLJEĆE	DAN
GODIŠNJI	SAT
SADA	PRIJE
KALENDAR	TJEDAN
MINUTA	BUDUĆNOST

12 - Säugetiere

```
K U V Z F O G T P F J B Z K H W
O F N E A P O V R B U J G O V U
N N A B O A R M N A E K N J T P
J P F R T A I F A Y J N Đ O Y A
A V G A I C L V S G D U F T V N
Y Đ A T I F A I S F M M C E T T
G F K I B T R C T U J J I O H E
V H D I Đ E A Z I Š T A K O R R
N C P E T Đ P H G K W M B M A A
O C V N G I D E A E V K C U B Đ
L V A L O K Z K R H O J U G A O
S I C W J J A N O C K E S J D G
Y A S E V K V V R M W Đ T E O C
D Z A I T I S O N S O D T B N Đ
O V P F C D O O S A K L O K A N
P E J G K A F A R I Ž F C U T O
```

MAJMUN	LAV
SNOSITI	PANTERA
DABAR	KONJ
SLON	ŠTAKOR
LISICA	OVCE
ŽIRAFA	BIK
GORILA	TIGAR
PAS	KIT
KLOKAN	VUK
KOJOT	ZEBRA

13 - Algebra

```
V A R I J A B L A M V N F G O G
Y B R O J H N J M O G C L R W N
M Đ O G L J D K O L I Č I N A K
M V D T A Đ P I F O R M U L A S
L I N E A R N I J P R P H G B U
M A T R I C A Đ Đ A H O E H Ž M
I R W S N U L A O L G E W M D A
O D U Z I M A N J E F R C C A G
K N B D N E B W R J R O A S N R
F N Ž L W L C N E N A T U M D A
U K M A B B G U H E K K R A E F
I A Đ T L O G K B Š C A B B J I
P H I R P R Y P Y E I F U G L K
T N E N O P S K E J J E T T U O
H F I T I Š E J I R A Đ A S N N
S Z O V B E S K O N A Č N O R Đ
```

FRAKCIJA
DIJAGRAM
EKSPONENT
FAKTOR
LAŽNO
FORMULA
JEDNADŽBA
GRAFIKON
LINEARNI
RIJEŠITI

RJEŠENJE
MATRICA
KOLIČINA
NULA
BROJ
PROBLEM
ODUZIMANJE
SUMA
BESKONAČNO
VARIJABLA

14 - Diplomatie

```
O  R  G  G  M  C  D  U  Đ  U  N  L  S  P  G  H
W  A  J  R  M  F  S  P  M  I  B  H  A  R  M  U
F  S  A  M  A  A  K  U  L  D  O  D  V  A  L  M
Y  P  K  M  O  Đ  A  N  K  R  D  I  J  V  I  A
T  R  I  F  B  U  A  H  Đ  O  Y  P  E  D  J  N
D  A  T  C  A  A  M  N  P  V  B  L  T  A  F  I
Y  V  I  E  Y  J  S  Đ  I  O  O  O  N  C  O  T
G  A  L  V  B  A  S  A  L  G  S  M  I  I  Z  A
C  K  O  P  U  F  I  K  D  U  E  A  K  N  Đ  R
I  I  P  S  T  R  A  N  I  O  D  T  J  D  Z  N
I  T  R  J  E  Š  E  N  J  E  R  S  Đ  E  F  I
C  E  S  I  G  U  R  N  O  S  T  K  S  J  B  J
I  N  T  E  G  R  I  T  E  T  Y  I  Y  A  M  T
Z  A  H  T  W  P  V  L  A  D  A  B  W  Z  I  Z
E  S  U  R  A  D  N  J  A  E  S  D  F  U  E  O
J  D  O  D  J  L  H  H  J  B  M  Đ  C  A  L  M
```

ODLUKA	HUMANITARNI
STRANI	INTEGRITET
SAVJETNIK	SUKOB
AMBASADOR	RJEŠENJE
GRAĐANI	POLITIKA
DIPLOMATSKI	VLADA
RASPRAVA	SIGURNOST
ETIKA	JEZICI
ZAJEDNICA	UGOVOR
PRAVDA	SURADNJA

15 - Astronomie

```
C S T E M O K N E C A C J Z G C
Z O D I J A K E M O N O R T S A
R F P S L M B B T J M V O C T C
I A O A B E K O N V R U E B W R
M F K A S N T H R F Đ W T C L A
E E S E G T N A Z V I J E Z D A
V Z E W T O R S S D C W M S Z K
S G L Z S A S O M Z O K A U E S
O S E F G K W H N N V F G P M T
E T T R L P M S K A P W L E L C
A S T E R O I D J N U V I R J J
P L A N E T A Đ K E G T C N A R
E B I R L O M J E S E C A O N E
Z V J E Z D A R N I C A T V D R
K O N S T E L A C I J A A A K C
Z V N S B F S D Đ P R H J R L A
```

ASTEROID
ASTRONAUT
ASTRONOM
ZEMLJA
NEBO
KOMET
KONSTELACIJA
KOZMOS
METEOR
MJESEC

MAGLICA
ZVJEZDARNICA
PLANETA
RAKETA
SATELIT
ZVIJEZDA
SUPERNOVA
TELESKOP
ZODIJAK
SVEMIR

16 - Ballett

```
O  Đ  A  W  G  W  U  D  I  D  A  Z  W  P  P  U
L  N  J  M  L  R  S  M  B  C  Z  G  B  L  R  M
Đ  A  N  A  A  A  A  K  Đ  I  E  M  D  J  O  J
K  Z  M  T  Z  G  G  N  L  Č  C  N  U  E  B  E
B  O  O  I  B  P  E  V  I  A  D  Đ  E  S  A  T
A  I  R  R  A  Đ  S  C  T  S  D  O  T  A  B  N
L  C  B  E  K  J  T  Y  S  E  U  A  E  K  D  I
E  A  K  D  O  E  A  C  K  L  U  K  T  Y  P  Č
R  R  D  Y  W  G  S  A  S  P  S  I  I  E  E  K
I  G  M  R  E  K  R  T  P  D  K  L  Z  V  L  I
N  C  Y  N  F  D  G  A  A  F  E  B  N  S  L  J
A  T  E  H  N  I  K  A  F  R  W  U  E  O  F  F
L  F  Z  V  T  I  Ć  I  Š  I  M  P  T  L  N  R
I  Z  R  A  Ž  A  J  A  N  Z  J  V  N  O  F  C
N  L  V  J  E  Š  T  I  N  A  P  A  I  W  T  K
P  L  I  L  Đ  U  C  C  K  M  Z  Y  E  P  T  L
```

GRACIOZAN
PLJESAK
IZRAŽAJAN
BALERINA
KOREOGRAFIJA
VJEŠTINA
GESTA
INTENZITET
SKLADATELJ
UMJETNIČKI

GLAZBA
MIŠIĆI
ORKESTAR
PROBA
PUBLIKA
RITAM
SOLO
STIL
PLESAČI
TEHNIKA

17 - Geologie

```
G  S  S  F  B  L  K  U  I  H  P  O  R  F  O  Z
G  Z  T  Y  G  A  Y  I  G  E  J  Z  I  R  O  O
Đ  B  W  A  D  V  R  Z  S  E  R  T  O  P  U  N
B  T  T  B  L  A  V  Đ  N  E  M  A  K  O  H  A
K  D  Đ  W  R  A  F  N  Z  Đ  L  F  K  B  Y  A
K  A  L  C  I  J  K  L  H  T  O  I  O  F  A  E
K  N  J  O  W  Đ  W  T  U  N  S  A  N  Z  C  K
O  R  E  I  J  J  I  T  I  M  G  A  L  A  T  S
N  E  L  L  Z  T  K  F  L  T  L  F  H  K  W  M
T  V  V  A  U  O  T  A  L  P  B  E  O  J  W  V
I  A  N  R  M  C  R  A  V  K  U  F  A  Y  D  J
N  K  V  E  A  A  N  E  J  L  P  O  T  S  A  R
E  G  B  N  A  K  L  U  V  I  T  B  J  J  U  P
N  F  T  I  M  D  N  Y  B  S  U  Y  F  E  J  R
T  I  M  M  N  I  U  P  K  O  R  A  L  J  A  K
Z  W  T  E  H  A  S  H  T  F  O  T  A  E  K  N
```

POTRES	MINERALI
EROZIJA	PLATO
FOSIL	KVARC
RASTOPLJEN	SOL
GEJZIR	KISELINA
KAVERNA	STALAGMITI
KALCIJ	STALAKTIT
KONTINENT	KAMEN
KORALJA	VULKAN
LAVA	ZONA

18 - Wissenschaft

```
U  C  M  U  V  E  P  A  P  J  B  V  Y  E  M  Đ
A  U  O  D  L  V  C  R  P  M  D  W  B  K  I  G
D  A  L  Z  K  O  A  I  I  Đ  A  H  S  S  N  R
V  N  E  T  E  L  R  H  T  R  U  H  O  P  E  A
K  L  K  J  M  U  Đ  L  O  S  O  P  E  E  R  V
B  I  U  M  I  C  A  D  O  P  E  D  I  R  A  I
I  V  L  U  J  I  W  W  M  C  Đ  Č  A  I  L  T
L  F  E  U  S  J  T  U  S  A  L  V  M  M  I  A
J  Y  Đ  J  K  A  D  O  T  E  M  N  Y  E  H  C
E  M  A  Z  I  N  A  G  R  O  M  O  M  N  Z  I
Č  I  N  J  E  N  I  C  A  N  A  W  T  T  P  J
D  O  Đ  B  J  I  R  O  T  A  R  O  B  A  L  A
H  I  P  O  T  E  Z  A  K  I  Z  I  F  M  C  G
Z  N  A  N  S  T  V  E  N  I  K  E  N  I  O  Z
B  Đ  T  K  V  F  O  S  I  L  O  O  J  L  M  R
Đ  R  G  D  T  V  P  J  G  V  I  H  Y  K  S  T
```

ATOM	MINERALI
KEMIJSKI	MOLEKULE
PODACI	PRIRODA
EVOLUCIJA	ORGANIZAM
EKSPERIMENT	ČESTICE
FOSIL	BILJE
HIPOTEZA	FIZIKA
KLIMA	GRAVITACIJA
LABORATORIJ	ČINJENICA
METODA	ZNANSTVENIK

19 - Sport

```
P G V I L O T P N R M G Y J P H
R I E W S J E K O H K V U H L B
V M J R G M N Y J B L O B H I E
E N T J F S I V E K J G O O V J
N A E P T L S A B Z N E M I A Z
S Z H R O Đ Đ F I Đ C V D T T B
T I F Y Đ E B B L Z B M G N I O
V J J N S T A D I O N J I Đ I L
O A E M Š T M A S R G I M I T K
Z S U D A C P M Đ P A G N D V U
P A G N T R I O L L E R A R G I
J G A K R A Š O K K E A S U N Đ
Đ W P B O U L H I R H Č T C L U
P P K B P J C M C W E I I S H A
A U W H S G Z W I U G T K B J A
T R E N E R J D B I R N A B N Z
```

SPORTAŠ	TIM
BEJZBOL	PRVENSTVO
KOŠARKA	SUDAC
POKRET	PLIVATI
HOKEJ	IGRA
BICIKL	IGRAČ
POBJEDNIK	STADION
GOLF	TENIS
GIMNAZIJA	TRENER
GIMNASTIKA	

20 - Mythologie

```
Z  L  H  B  P  R  E  F  D  Đ  S  G  L  B  W  L
V  F  P  W  C  L  E  B  Đ  I  T  R  A  E  B  W
K  A  T  A  S  T  R  O  F  A  V  M  B  S  P  B
S  M  R  T  N  I  K  B  H  W  A  L  I  M  O  Č
V  J  I  E  R  L  W  E  G  R  R  J  R  R  N  U
B  S  G  V  C  A  J  N  U  M  A  A  I  T  A  D
J  V  O  S  W  D  T  U  F  E  N  V  N  N  Š  O
M  A  L  O  V  N  K  N  B  C  J  I  T  O  A  V
F  A  J  F  L  E  M  L  I  O  E  N  K  S  N  I
C  A  B  E  S  G  N  E  Y  K  M  A  S  T  J  Š
V  D  P  I  T  E  H  R  A  A  P  O  U  T  E  T
P  A  R  U  T  L  U  K  I  N  B  O  R  A  Č  E
R  N  G  V  S  N  A  G  A  U  G  V  W  A  Y  D
S  T  V  O  R  E  N  J  E  J  Đ  M  Z  T  J  Đ
C  N  F  B  Y  J  G  U  G  E  Y  M  F  P  E  F
K  G  D  A  E  W  I  Y  C  W  K  Đ  G  W  J  R
```

ARHETIP	KULTURA
MUNJA	LABIRINT
GRMLJAVINA	LEGENDA
LJUBOMORA	ČAROBNI
JUNAK	ČUDOVIŠTE
NEBO	OSVETA
KATASTROFA	SNAGA
STVARANJE	SMRTNIK
STVORENJE	BESMRTNOST
RATNIK	PONAŠANJE

21 - Restaurant #2

```
S  T  B  R  H  H  G  H  F  K  I  P  O  D  I  N
R  E  Z  A  N  C  I  O  I  K  W  U  T  F  L  J
R  B  R  Đ  A  H  R  C  E  Z  R  K  P  V  Đ  U
A  Đ  I  V  E  Č  E  R  A  K  N  U  O  C  W  H
L  R  B  N  J  B  O  J  P  L  M  S  K  R  B  A
L  B  A  V  O  D  A  I  C  O  Đ  N  S  U  U  C
P  C  L  S  P  W  C  J  N  N  V  O  O  M  K  I
R  H  F  A  K  O  N  O  B  A  R  R  L  O  U  L
U  D  E  L  P  Y  A  M  J  E  B  P  Ć  Y  S  O
Č  I  F  A  I  Y  C  L  Z  P  C  R  K  E  V  T
A  J  J  T  Ć  J  T  Y  A  A  O  E  L  K  K  S
K  O  N  A  E  O  O  Z  Č  S  H  D  B  T  B  J
Ž  L  I  C  A  C  I  L  I  V  S  J  O  R  B  J
F  Y  A  C  C  M  S  Đ  N  P  N  E  U  D  A  A
T  C  R  E  V  O  Ć  E  I  F  K  L  C  J  N  B
T  O  R  T  A  U  H  Z  E  F  I  O  V  K  B  B
```

VEČERA	TORTA
LED	ŽLICA
RIBA	RUČAK
VOĆE	REZANCI
VILICA	SALATA
POVRĆE	SOL
PIĆE	STOLICA
ZAČINI	JUHA
KONOBAR	PREDJELO
UKUSNO	VODA

22 - Ökologie

```
L U I R E V Z S V A U P I Đ W V
U I A Đ E R O A M I L K E V D E
G L O B A L N O J W J Đ I A E G
F A U N A F D N T E A K F T Đ E
S Š E B B Y O V E N D A N U Y T
R U L V I Ž R D O I O N V G M A
I S G O L P I E L N R A I R T C
N Y G A J S R F S A I T R C B I
S R U K E E P G J L R S E Đ E J
S W S P F E C F B P P P T D T A
F L O R A V R S T A M O N T Š W
Z N M O Č V A R A B J N O O I L
P I N R E S U R S I E J L R N I
P O M O R S K I I P L C O B A I
R A Z N O L I K O S T P V K T B
O A R F T Đ E G P N L B N N S L
```

VRSTA	POMORSKI
PLANINE	ODRŽIV
SUŠA	PRIRODA
FAUNA	PRIRODNO
FLORA	BILJE
VOLONTERI	RESURSI
ZAJEDNICE	MOČVARA
GLOBALNO	OPSTANAK
KLIMA	VEGETACIJA
STANIŠTE	RAZNOLIKOST

23 - Schokolade

```
K B L D M W N Z R Š O T M H K G
H A R P W L N E A T E M M F I V
L U L C M Y N A B N G Ć A W L W
I M S O K O K R C E A W E E P L
G Z M E R L Đ O D S R T Z R B T
R R T B T I C M J K B F S H T A
K A K A O K J A J E S T I K A G
K O E J N I C E S L A T K O I O
V M G D S R L P H S T P E C E R
A I Z B U I Ž U D N J A L H R A
L L O M K K K A R A M E L A Z K
I J T T U I B O V O P E E Z O S
T E I P K K A J O T S A S K O M
E N Č K Đ W O E L R H D H P K Z
T I N U Đ H S I Z T M E S B U B
A F O E E F G M N M U Y J F S Đ
```

AROMA
GORAK
KIKIRIKI
JESTI
EGZOTIČNO
OMILJENI
OKUS
ZANATSKI
KAKAO
KALORIJE

KARAMELA
KOKOS
UKUSNO
PRAH
KVALITETA
RECEPT
SLATKO
ŽUDNJA
ŠEĆER
SASTOJAK

24 - Boote

```
M  L  L  M  Y  H  M  T  K  B  D  U  S  L  M  J
M  O  R  N  A  R  O  R  A  A  D  A  S  O  P  E
B  U  N  V  Z  P  R  O  J  K  N  I  P  T  F  D
F  L  Y  Y  T  K  E  J  A  R  T  U  L  O  S  R
T  H  J  A  H  T  A  Đ  K  I  K  W  A  G  O  I
J  Đ  F  M  E  N  Đ  J  P  V  R  W  V  D  G  L
M  C  J  S  I  D  R  O  W  O  P  S  J  J  G  I
S  N  I  L  R  J  V  Z  J  L  M  P  G  V  W  C
U  Ž  E  Z  C  D  Đ  B  W  A  N  O  O  S  D  A
J  S  M  Đ  J  G  Đ  E  U  V  E  I  R  G  V  D
A  B  U  T  M  R  I  J  E  K  A  Z  F  S  F  W
R  B  K  R  O  P  I  O  J  E  Z  E  R  O  K  G
B  A  Č  A  T  U  L  P  C  O  J  Z  E  O  P  I
O  Y  L  C  O  O  E  A  B  E  C  W  G  T  K  S
L  B  V  T  R  E  T  Š  I  N  A  T  S  I  R  P
I  J  V  E  L  P  T  O  Đ  E  S  N  A  G  A  A
```

SIDRO	MORE
PLUTAČA	MOTOR
POSADA	POMORSKI
PRISTANIŠTE	OCEAN
TRAJEKT	JEZERO
SPLAV	MORNAR
RIJEKA	JEDRILICA
KAJAK	UŽE
KANU	VALOVI
JARBOL	JAHTA

25 - Stadt

```
A S T A D J K M K V C R K L A S
N L V R G Y C U C B I E N J W U
I H Đ E Ž P I Z I R H S J E C P
N J Y Y U I U E W G P T I K E E
K I N O S Č Š J P W M O Ž A U R
Đ Đ W F W Đ I T O Y G R A R G M
C V J E Ć A R L E B U A R N A A
U S W K G C E E I K A N A A L R
N V Y R K O T H F Š P N J P E K
N Z Y U A A Š J N R T E K W R E
G N H V N O I D A T S E V A I T
E Y B Z G A L O K Š U M F I J H
J C D Đ O B A R A K E P U L A P
K H O T E L Z R A Č N A L U K A
K L I N I K A C I N Ž I J N K U
E W T R V I K Š O L O O Z K I G
```

LJEKARNA
BANKA
PEKARA
KNJIŽNICA
CVJEĆAR
KNJIŽARA
ZRAČNA LUKA
GALERIJA
HOTEL
KINO

KLINIKA
TRŽIŠTE
MUZEJ
RESTORAN
ŠKOLA
STADION
SUPERMARKET
KAZALIŠTE
SVEUČILIŠTE
ZOOLOŠKI VRT

26 - Aktivitäten

```
R A L E F A Š N U O V K O M S T
O B M R H R I Z Đ U R A G A L E
V P E W V Y V Z I F T M C G I P
T S U N V L A J V O L P J I K J
S L V Š B R N A Z T A I Z J A E
R A V D T O J R U O R R A A C Š
A N K B T A E F K G S A D U U A
B I P T W E N G W R T N O M O Č
I T K R I E W J C A V J V J B E
R Š M E A V T B E F O E O E R N
T Đ C D Đ N M C I K R L T T J
R J H O B R P O I J N G J N A E
V V O J H G W L S A H I S O G I
K E R A M I K A E T I Đ T S K C
Č I T A N J E H V S N M V T N U
P L E T E N J E G N K V O J E Đ
```

AKTIVNOST	UMJETNOST
RIBARSTVO	OBRT
KAMPIRANJE	ČITANJE
OPUŠTANJE	MAGIJA
VJEŠTINA	ŠIVANJE
FOTOGRAFIJA	IGRE
VRTLARSTVO	PLETENJE
SLIKA	PLES
LOV	ZADOVOLJSTVO
KERAMIKA	PJEŠAČENJE

27 - Bienen

```
J  J  A  R  T  E  J  I  V  C  D  T  N  E  L  M
Đ  D  Đ  O  S  D  E  M  I  D  W  G  I  W  Z  A
V  V  W  J  O  K  U  H  K  K  O  Š  N  I  C  A
O  T  W  Z  K  R  I  L  A  R  B  I  L  J  E  R
S  U  R  B  I  E  P  N  E  W  A  A  U  H  M  Č
A  P  L  N  L  Ć  K  C  O  P  L  L  T  V  V  A
K  L  Y  R  O  E  M  O  Đ  L  V  H  J  O  V  V
G  P  K  Đ  N  J  F  R  S  T  K  Y  F  I  F  I
C  V  H  H  Z  I  L  V  U  U  S  D  E  F  C  Š
W  Z  V  R  A  V  P  K  D  U  S  A  I  U  L  A
V  Y  S  F  R  C  E  R  V  E  T  T  R  V  J  R
S  T  A  N  I  Š  T  E  E  F  U  G  A  B  M  P
R  P  E  L  D  W  S  U  N  C  E  R  M  V  Z  O
K  U  K  A  C  O  A  K  V  O  Ć  E  P  N  D  L
K  O  R  I  S  N  O  T  G  G  C  O  E  S  C  E
Y  L  J  O  J  D  U  B  M  M  G  D  V  Đ  O  B
```

OPRAŠIVAČ	STANIŠTE
KOŠNICA	EKOSUSTAV
CVIJEĆE	BILJE
CVIJET	PELUD
KRILA	DIM
VOĆE	ROJ
VRT	SUNCE
MED	RAZNOLIKOST
KUKAC	KORISNO
KRALJICA	VOSAK

28 - Wissenschaftliche Disziplinen

```
T E R M O D I N A M I K A B R G
E O O Z B A K I N A T O B I S Đ
C V S Đ A J I G O L O I C O S Đ
N K U V A I Y K M Z A E G K P F
P K A J I G O L O I Z I F E U A
Z Y K B I O L O G I J A J M A N
A J I G O L A R E N I M K I G A
T E T W D O A F F L Y N K J C T
S T S C Z K K P K K Đ E U A D O
P H I W C E T R S R E C I J F M
D K V M E H A N I K A M S K G I
A R G E A J I G O L O H I S P J
K I N E Z I O L O G I J A J P A
A J I G O L O N U M I M C T A W
Đ A L W K W V G E O L O G I J A
A S T R O N O M I J A T M C L H
```

ANATOMIJA
ASTRONOMIJA
BIOKEMIJA
BIOLOGIJA
BOTANIKA
KEMIJA
GEOLOGIJA
IMUNOLOGIJA
KINEZIOLOGIJA

LINGVISTIKA
MEHANIKA
MINERALOGIJA
EKOLOGIJA
FIZIOLOGIJA
PSIHOLOGIJA
SOCIOLOGIJA
TERMODINAMIKA

29 - Vögel

```
F  N  L  Z  G  H  Z  P  A  P  I  G  A  I  Y  H
P  L  N  B  Y  V  Z  I  U  A  W  J  A  J  E  C
I  F  A  Đ  J  C  B  U  L  O  G  R  M  J  I  L
N  C  R  M  T  R  E  G  N  R  T  H  B  V  B  W
G  O  V  P  I  D  L  R  Z  G  U  S  K  A  E  J
V  C  A  A  A  N  A  R  V  H  V  R  A  B  A  C
I  I  G  U  J  K  G  H  H  K  V  J  P  V  R  I
N  Č  K  N  F  V  O  O  Đ  R  Đ  Z  U  G  M  O
H  A  P  U  A  K  T  A  P  W  R  O  K  I  W  C
G  P  S  J  K  R  A  R  G  I  H  I  O  G  R  P
Z  L  R  O  T  A  P  O  E  S  L  L  F  K  N  U
N  J  N  J  Đ  D  V  W  R  D  R  E  N  O  B  E
R  A  F  C  C  H  S  I  T  U  O  L  T  B  A  Đ
Đ  T  W  F  M  C  O  B  C  B  D  H  M  I  I  B
T  D  N  U  V  Đ  V  E  S  A  A  N  V  I  N  N
Đ  C  P  B  D  E  A  P  E  L  I  K  A  N  E  A
```

ORAO	PAPIGA
JAJE	PELIKAN
PATKA	PAUN
SOVA	PINGVIN
FLAMINGO	GAVRAN
GUSKA	ČAPLJA
PILETINA	LABUD
VRANA	VRABAC
KUKAVICA	RODA
GALEB	GOLUB

30 - Biologie

```
Y E E K A L P Y L A B V T M S Z
T J M R O J R V K O J J M L H T
G C B O W M I U A N E G A L O K
Y W R S G E R L Y F L K J Z A S
A J I C U L O V E C A V I Ž N O
N S J I U J D R Ć N I C V A E
R H A G H K N R F Y Č Y A T T S
K C M M P O O P J J E W T J O B
I S O W N T R O D M V I U J M T
S I S A V A C M U I I B M O I B
T D O L T Z S Z O T N D I A J V
S I M B I O Z A P N A Y U L A R
Y W O N F M A S P A N I S D J P
I C R R W S M I Z N E I K D H E
G V K S Z O G N E U R O N K C O
U Đ F O T O S I N T E Z A H V H
```

ANATOMIJA
KROMOSOM
EMBRIJA
ENZIM
EVOLUCIJA
HORMON
KOLAGENA
MUTACIJA
PRIRODNO
ŽIVAC

NEURON
OSMOZA
BILJE
FOTOSINTEZA
BJELANČEVINA
GMAZ
SISAVAC
SIMBIOZA
SINAPSA
ĆELIJA

31 - Elektrizität

```
K  N  V  K  J  O  N  G  L  W  L  A  B  F  P  G
B  L  G  M  A  S  Đ  Đ  A  Đ  L  K  A  W  E  E
F  U  E  T  M  B  D  B  S  K  R  J  T  D  L  N
O  N  O  F  E  L  E  T  E  M  J  L  E  Y  E  E
F  B  E  R  R  D  D  L  R  H  C  I  R  A  K  R
S  A  J  O  P  B  L  G  Đ  M  M  T  I  Đ  T  A
V  T  N  E  O  P  T  V  Ž  I  C  E  J  E  R  T
K  E  E  M  K  J  F  P  G  D  L  J  A  U  I  O
O  L  T  B  Đ  T  M  W  B  C  N  V  D  T  Č  R
L  E  Š  G  T  T  I  A  Đ  O  Đ  S  J  I  N  N
I  V  I  E  L  E  K  T  R  I  Č  A  R  Č  I  Đ
Č  I  D  J  Z  N  A  V  I  T  A  G  E  N  N  F
I  Z  A  E  J  G  Ž  W  M  H  N  T  N  I  W  R
N  I  L  O  M  A  E  F  J  M  V  D  K  C  K  I
A  J  K  F  S  M  R  T  M  N  Đ  L  Đ  A  N  U
Đ  A  S  C  J  Đ  M  P  O  Z  I  T  I  V  A  N
```

OPREMA
BATERIJA
ŽICE
ELEKTRIČAR
ELEKTRIČNI
TELEVIZIJA
GENERATOR
KABEL
SKLADIŠTENJE
SVJETILJKA

LASER
MAGNET
KOLIČINA
NEGATIVAN
MREŽA
OBJEKTI
POZITIVAN
UTIČNICA
TELEFON

32 - Garten

```
V V K C C T R V Y D Z E H A L B
O O Y E U R S Z R W J M P H Đ F
R L Ć D O A S A R E T P A U D C
O O M N Đ V T N H U F M V I F J
K P S W J A Z R T L O L C H Z T
K A J N V A R T A Ć E S I V D C
T T B H V Ž K H O M W V M R R R
M A E A D A R G O R P K M Z V I
N K S Y B R A K K G U O M D O J
Đ B Y W K A P B O A P U L K D E
B S E F R G L T R I J E M I H V
B A Z C V I J E T U V N R W N O
G R A B L J E N B E L H B N T K
U E B Đ F Y N O A U O P H I J F
M C R F E A A B J E L Z R B R H
Z K L E E A V B C C S U Z Y W A
```

KLUPA
DRVO
CVIJET
TLO
GRM
GARAŽA
VRT
TRAVA
VISEĆA
VOĆNJAK

TRAVNJAK
GRABLJE
LOPATA
CRIJEVO
RIBNJAK
TERASA
TRAMPOLIN
KOROV
TRIJEM
OGRADA

33 - Antarktis

```
V K L V J E T R O V I K W N N S
H U A E A J I F A R G O P O T F
C R V J D V D V A J N N U I Y S
T R B E M E J I R V G T O W V L
P W L L C J N A U V Š I L O K O
T N M G Đ L W J T B G N V F A S
M I N E R A L I A V A E J C Y T
P U O I H Z C F R C J N L W B J
D O L A C G J A E C I T P E M E
Đ H L L L E T R P N C Đ V O D N
K U E U O C G G M T A E S G L O
F J U Y O N L O E L R Z G A S V
K S O Đ R T L E T Y G V O D A I
U Z Đ T C Z O G T J I S H Y Đ T
M M H Z N M H K L O M B G I L A
K O N Z E R V A C I J A N Z F V
```

ZALJEV	MINERALI
LED	TEMPERATURA
KONZERVACIJA	TOPOGRAFIJA
STJENOVITA	OKOLIŠ
GEOGRAFIJA	PTICE
LEDENJACI	VODA
POLUOTOK	VRIJEME
KONTINENT	VJETROVI
MIGRACIJA	

34 - Fahren

```
G P M N E S R E Ć A T R A K W I
O L A O G U W M N Đ Z V T I S V
R I U S T N H I F H N E K I N V
I N T I S O C D B Y Đ K U M D A
V F O G O J C A U T O M O B I L
O J B U N G L I K A M I O N Z V
Y S U R S K A Đ K F B W N G H Z
J H S N A C J Y R L G T D F W H
I M U O P D I I B P E F K O J S
T A C S O I C S I A C N E C I L
T Ž G T U O I O A C I H U V F K
C A B Đ K R L O I I N Z T T O K
P R I J E V O Z P P Č C W Z P E
A A E Z I O P T E M O R P M R W
L G T I B Đ S Đ O H K Y H S E C
B B R Z I N A M R M A W F P Z V
```

AUTOMOBIL	KAMION
KOČNICE	MOTOR
GORIVO	MOTOCIKL
AUTOBUS	POLICIJA
GARAŽA	SIGURNOST
PLIN	PRIJEVOZ
OPASNOST	TUNEL
BRZINA	NESREĆA
KARTA	PROMET
LICENCA	OPREZ

35 - Physik

```
E  S  L  G  A  Ć  O  T  S  U  G  M  G  Z  C  I
M  K  E  J  L  Č  R  O  N  P  J  Đ  A  V  A  T
A  U  S  Z  U  S  E  G  O  S  G  J  K  S  D  Đ
G  B  Đ  P  K  V  Z  S  R  P  K  P  E  W  A  T
N  R  E  A  E  U  Y  N  T  B  Đ  H  L  S  B  D
E  Z  E  L  L  R  R  A  K  I  N  A  H  E  M  L
T  A  L  U  O  J  I  C  E  B  C  G  L  E  M  I
I  N  F  M  M  T  B  M  L  Y  C  A  W  W  Z  N
Z  J  B  R  Z  I  N  A  E  M  O  T  O  R  K  P
A  E  C  O  Đ  A  J  I  C  N  E  V  K  E  R  F
M  E  U  F  D  N  I  B  U  F  T  J  A  V  E  I
R  E  L  A  T  I  V  N  O  S  T  J  M  Z  C  C
R  H  N  U  K  L  E  A  R  N  I  A  L  R  P  N
U  N  I  V  E  R  Z  A  L  A  N  Y  A  T  O  M
K  A  O  S  K  E  M  I  J  S  K  I  P  G  W  K
E  Đ  F  G  Đ  U  U  G  R  T  H  U  Đ  D  W  K
```

ATOM	BRZINA
UBRZANJE	MAGNETIZAM
KAOS	MASA
KEMIJSKI	MEHANIKA
GUSTOĆA	MOLEKULA
ELEKTRON	MOTOR
EKSPERIMENT	NUKLEARNI
FORMULA	ČESTICA
FREKVENCIJA	RELATIVNOST
PLIN	UNIVERZALAN

36 - Bücher

```
P  O  W  O  L  W  P  B  A  Y  I  J  N  K  J  S
U  J  Đ  I  T  S  O  N  L  A  U  D  U  H  Đ  T
S  C  E  N  N  J  E  S  E  C  Y  N  M  Y  I  R
S  Z  G  S  R  V  Z  Č  I  T  A  Č  E  S  O  A
S  I  H  E  M  D  I  S  N  A  S  I  P  A  N  N
Y  K  H  J  M  A  J  N  E  L  A  T  B  U  Č  I
E  G  R  I  O  R  A  C  R  R  Č  M  T  T  I  C
C  H  O  V  U  U  D  Z  F  A  I  W  M  O  G  A
D  A  M  O  A  T  V  E  R  A  R  J  G  R  A  G
E  F  A  P  K  N  G  Đ  V  D  P  E  A  W  R  Đ
Z  J  N  F  F  A  K  R  I  B  Z  F  T  O  T  W
P  R  I  P  O  V  J  E  D  A  Č  G  U  I  G  P
D  B  R  Đ  M  A  K  O  N  T  E  K  S  T  L  S
I  N  V  E  N  T  I  V  N  I  A  H  V  T  F  E
C  A  U  V  O  E  Y  G  I  F  C  Y  E  G  W  M
Z  N  C  D  P  D  U  H  O  V  I  T  O  Y  W  O
```

AVANTURA	DUHOVIT
AUTOR	ZBIRKA
DUALNOST	KONTEKST
EP	ČITAČ
INVENTIVNI	LITERARNI
PRIPOVJEDAČ	POEZIJA
PJESMA	ROMAN
PRIČA	STRANICA
NAPISAN	SERIJA
POVIJESNI	TRAGIČNO

37 - Menschlicher Körper

```
Đ T S R P K R B T G O V E Z Z M
K A V R K I U R B K M Z W I D S
A O H U C Z K A V A L G N B P L
Z J L H K E A D L L R B V Đ R E
O R U J J J A A I G I P N U V T
M D F N E M A R Y B Y U D Đ K M
N O G A C N S D U V L Đ M N I I
I B Đ Ž I W O E T B D K I I U S
Z P Đ E L L C B R O B J T J H O
W K O L K A D K Y I U A K Đ N Y
U H Đ G V E P A H F S J F F C L
T S U J L E Č K H E F H G G H T
I O T A K A L T N U N I B H G V
O N A A Z L K O Ž A W Y R N I P
W L R S V V P T W B P K G P Y H
A P V I O L B Z D K B L C J Đ B
```

NOGA	ČELJUST
KRV	BRADA
LAKAT	KOLJENO
PRST	GLEŽANJ
MOZAK	GLAVA
LICE	USTA
VRAT	NOS
RUKA	UHO
KOŽA	RAME
SRCE	JEZIK

38 - Agronomie

```
R U K G Z O R W L U E G J S H P
S E G L I Đ Y A T I K I C S P O
S U S T A V I J S U O L T U R L
O R G A N S K I O T L R T Đ O J
L S F B W M S D N Y O Đ S P I O
O I D O D J Z U A G G D W P Z P
W D R S K F A T N O I A D O V R
E Đ R Z H Y H S Z C J D N V O I
E N Š Ž U Đ W N D A F C R D V
R B E H I T S E L O B J C Ć N R
O N C R O V I J O N G K I E J E
Z Z I Y G V Y L D C Đ T P N A D
I K M B S I A I S E O S K O K A
J M F W Z Z J B Z O Z J E C L P
A F Đ U H K F A F A S T Đ Y C C
O K O L I Š Z A G A Đ E N J E R
```

TLO	EKOLOGIJA
GNOJIVO	BILJE
ENERGIJA	PROIZVODNJA
EROZIJA	STUDIJA
POVRĆE	SUSTAVI
BOLESTI	OKOLIŠ
POLJOPRIVREDA	ZAGAĐENJE
SEOSKO	RAST
ODRŽIV	VODA
ORGANSKI	ZNANOST

39 - Landschaften

```
J  V  E  B  H  A  N  P  M  A  Y  G  L  H  M  T
L  E  D  E  N  J  A  K  L  O  Z  O  I  K  O  U
V  J  S  P  C  N  N  F  S  A  Č  H  T  B  R  N
U  L  Y  D  N  I  I  Y  L  M  Ž  V  T  O  E  D
L  A  P  Z  J  T  N  F  W  N  F  A  A  D  K  R
K  Z  P  I  L  S  A  Š  P  I  L  J  A  R  G  A
A  K  O  T  O  U  L  O  P  R  O  D  J  B  A  Z
N  O  A  Z  A  P  P  R  O  J  L  E  D  E  N  A
K  A  U  J  M  R  H  W  K  E  A  H  O  B  D  O
Đ  W  G  C  T  T  H  W  P  Z  Đ  N  O  V  O  K
C  B  C  B  Đ  H  F  B  M  E  M  W  R  O  L  A
Đ  Y  I  D  B  Đ  K  P  B  R  M  K  L  D  I  G
M  G  E  J  Z  I  R  J  T  O  D  C  N  O  N  K
P  W  P  V  E  W  J  R  I  J  E  K  A  P  A  H
F  B  G  D  R  T  V  H  U  F  P  M  N  A  D  M
N  H  W  O  J  O  J  F  J  Z  P  D  Y  D  G  Y
```

PLANINA	MORE
LEDENA	OAZA
RIJEKA	JEZERO
GEJZIR	PLAŽA
LEDENJAK	MOČVARA
ZALJEV	DOLINA
POLUOTOK	TUNDRA
ŠPILJA	VULKAN
BRDO	VODOPAD
OTOK	PUSTINJA

40 - Abenteuer

```
A J I C A G I V A N S L N N B V
K E P Z R C G K Z T J J O Z W P
T S U C N J U F R A R E N I T I
I E T U V E J W E G B P Č R A O
V H O F O I N Y J M Y O I V Y D
N K V T S O D A R U A T B V P R
O J A C F V Đ Ć Đ I M A O K R E
S A N Z N O V O U U R K E K I D
T D J N Y N H K M N J K N W P I
P O A V L Y W Š W O Đ U O H R Š
P R I L I K A E G F P Z Ć Y E T
A I I Z L E T T H Z A R I M E E
H R A B R O S T K W K E S T A M
B P S I G U R N O S T R S N Z V
V Z E N T U Z I J A Z A M L O W
O K D T W N P R I J A T E L J I
```

AKTIVNOST
IZLET
ENTUZIJAZAM
PRILIKA
RADOST
PRIJATELJI
OPASNO
PRIRODA
NAVIGACIJA
NOVO

PUTOVANJA
ITINERAR
LJEPOTA
TEŠKOĆA
SIGURNOST
HRABROST
NEOBIČNO
IZNENAĐUJUĆI
PRIPREMA
ODREDIŠTE

41 - Flugzeuge

```
N  J  D  R  G  R  R  I  P  A  L  M  I  S  Z  T
P  E  P  O  S  A  D  A  D  I  I  W  I  I  P  U
O  M  B  T  I  R  E  L  E  P  O  R  P  L  I  R
V  E  E  O  D  E  O  V  I  R  O  G  U  A  L  B
I  J  S  M  N  F  K  I  N  T  U  P  R  Z  O  U
J  I  E  B  D  S  I  S  T  F  Z  S  G  A  T  L
E  R  P  R  Z  O  D  I  N  A  C  K  A  K  O  E
S  V  K  U  E  M  O  N  L  R  H  T  H  H  Y  N
T  V  T  W  F  T  V  A  Y  U  U  C  Z  T  C
B  A  L  O  N  A  O  O  I  T  Đ  Z  P  J  D  I
D  I  Z  A  J  N  F  W  W  N  Z  A  J  A  O  J
Z  T  Đ  C  R  Đ  S  F  T  A  L  D  L  J  N  A
L  R  H  G  D  L  L  Y  T  V  G  H  Đ  M  M  S
H  C  A  V  C  T  W  Z  H  A  H  U  T  M  W  R
R  I  D  K  I  Z  G  R  A  D  N  J  A  J  M  O
C  C  T  O  P  V  A  P  G  S  A  B  T  L  J  H
```

AVANTURA
SILAZAK
ATMOSFERA
NAPUHATI
BALON
GORIVO
POSADA
DIZAJN
POVIJEST
NEBO

VISINA
IZGRADNJA
ZRAK
MOTOR
PUTNIK
PILOT
PROPELERI
TURBULENCIJA
VODIK
VRIJEME

42 - Haartypen

```
G Y B P G O R B E R S Z M T Đ C
N B A B T G O J I Y M B M H B T
J A Y O Y M Y Đ T J A O K Z W F
Z E Đ P K E Z S N M E Č R V O K
I Đ Y U Đ K I Y S I Y L S A H A
I Z P H Đ A Š U V A L P I L U T
C M R Y S N K Đ S N Z N H E S A
P L E T E N I C E R D Y U Ć Z R
H U O D H M A N Y C Y K Y S D K
Đ Z D L S A K I K E V R C J R N
D K T A I V A L O V I T A A A D
A U F S V A N E T E L P S J V S
M V G S A V A Č R V O K E A Đ K
B E C O M D T M J W S I V N D V
N F L J G E R Đ A L Z M P V S D
D E B E O Z Đ D L B I D W L L G
```

PLAVUŠA	DUGO
SMEĐ	KOVRČE
DEBEO	KOVRČAVA
TANAK	CRNA
PLETENA	SREBRO
ZDRAV	SUHO
SJAJAN	MEKAN
SIVA	BIJELI
ĆELAV	VALOVITA
KRATAK	PLETENICE

43 - Essen #1

```
L A N Z K H B K R U Š K A F Y Š
U A U Z I D Z O L J V G D Š S E
K A D U K Đ H S S J K J O P O Ć
A Y A B I M G E R I A R G I L E
K K N R R G M M W P L E A N G R
K B N H I C I M E T I J J A V Z
I F I W K M L I J E K O A T T B
W Z Z C I S A L A T A A V K R M
Č E Š N J A K D J F I P A S D M
E R Y N R M C E M C Y E K W U V
Đ M G J Z C J W E O F R C J O W
T N H J J U C Đ S F N E Z P O R
S U U F U Y U W D Z T K D B U C
O M N L Đ H Z B B C G B E P N T
K I C A C N A I T Z P G K I H S
Đ L Đ U B C Z U N K K Z U E W V
```

BOSILJAK	SOK
KRUŠKA	SALATA
JAGODA	SOL
KIKIRIKI	ŠPINAT
MESO	JUHA
KAVA	TUNA
MRKVA	CIMET
ČEŠNJAK	LIMUN
MLIJEKO	ŠEĆER
REPA	LUK

44 - Gebäude

```
O  I  L  A  Đ  O  S  Đ  Đ  Y  D  O  C  G  B  Z
E  B  A  C  I  N  R  O  V  T  R  G  Z  A  M  V
D  Đ  B  I  A  U  E  H  A  K  J  D  C  R  T  J
B  I  O  N  I  K  B  V  P  M  S  N  N  A  Z  E
D  E  R  L  E  T  S  O  H  P  K  D  V  Ž  U  Z
R  T  A  O  Z  K  S  T  A  D  I  O  N  A  Š  D
Đ  Š  T  B  T  B  A  F  S  G  O  W  R  N  K  A
J  I  O  D  T  N  N  Z  A  T  R  O  T  I  O  R
L  L  R  M  U  Z  E  J  A  R  A  F  Z  B  L  N
A  I  I  M  V  K  M  B  Ć  L  M  J  I  A  A  I
W  Č  J  N  A  R  O  T  U  L  I  A  A  K  N  C
S  U  P  E  R  M  A  R  K  E  T  Š  G  F  C  A
G  E  O  G  F  U  Z  L  W  T  Đ  L  T  Z  Đ  F
V  V  Š  A  T  O  R  Y  Y  O  S  R  O  E  E  Y
J  S  Z  T  B  H  U  Y  J  H  S  F  U  U  U  J
Y  G  F  J  P  A  Z  C  J  L  S  P  I  L  V  D
```

FARMA	MUZEJ
TVORNICA	ZVJEZDARNICA
GARAŽA	STAJA
KUĆA	ŠKOLA
HOSTEL	STADION
HOTEL	SUPERMARKET
KABINA	KAZALIŠTE
KINO	TORANJ
BOLNICA	SVEUČILIŠTE
LABORATORIJ	ŠATOR

45 - Angeln

```
J  I  P  U  O  K  U  Y  Z  A  Š  M  F  N  E  S
E  B  S  E  J  K  S  P  L  R  K  T  H  W  B  E
Z  R  A  W  R  S  R  G  I  R  R  V  P  J  R  Z
E  E  T  L  E  A  O  A  H  W  G  E  D  E  P  O
R  Đ  Đ  R  Y  Č  J  O  A  M  E  R  P  O  I  N
O  Đ  M  C  Z  A  G  E  K  K  O  Š  A  R  A  A
Ž  U  K  J  L  M  Z  B  E  H  K  S  I  H  A  B
I  N  H  K  V  A  K  Y  J  Y  U  A  U  E  T  B
C  A  M  A  M  C  R  B  I  V  H  I  O  I  E  K
A  E  I  L  U  J  U  J  R  U  A  J  C  K  Ž  P
S  T  R  P  L  J  E  N  J  E  T  Ž  E  F  I  M
P  B  Đ  A  D  O  V  M  V  V  I  V  A  W  N  C
K  U  K  A  M  Đ  F  A  H  O  E  A  N  L  A  K
B  R  D  O  D  F  J  Z  G  U  K  G  P  G  P  W
L  M  J  I  A  E  V  Y  Y  A  Y  T  G  U  D  T
G  B  Y  Č  E  L  J  U  S  T  Z  P  B  Y  A  K
```

OPREMA
ČAMAC
ŽICA
PERAJE
RIJEKA
STRPLJENJE
TEŽINA
KUKA
SEZONA
ČELJUST

ŠKRGE
KUHATI
KOŠARA
MAMAC
OCEAN
JEZERO
PLAŽA
VAGA
VODA

46 - Essen #2

```
S A F W G C O G Đ S G R T J B Z
T C S M A M E D A B L O R O V T
R I S P J P N L I H J R E G D A
I N R P H R O P E U I A Š U T D
Ž E S B A J A J E R V J N R S T
A Š A T K T A M W K A A J T W V
K P I M N U L A K O Đ B A C N Đ
O Č G K U L U I B W N U C V K Đ
Č V O I Š F K A D G A K I E W K
I K O K I R O S W Ž S A Č S N R
T Z V P O B R H V A A N J W U V
R U Đ O K L B Z K R M N A I Y L
A S H U W U A V U G O D R A U S
Š P A R O G A D B A N A N A Z H
L Đ H L H B V Đ A R I B A O M C
P B Đ C W T R V C B Z C R C J M
```

JABUKA	TREŠNJA
ARTIČOKA	BADEM
PATLIDŽAN	GLJIVA
BANANA	RIŽA
BROKULA	ŠUNKA
KRUH	ČOKOLADA
JAJE	CELER
RIBA	ŠPAROGA
JOGURT	RAJČICA
SIR	PŠENICA

47 - Energie

```
B  J  M  Đ  I  V  W  M  B  U  E  V  T  G  H  O
L  E  O  H  U  O  V  O  S  G  L  K  V  Đ  Đ  F
O  P  N  Z  A  D  Z  T  U  S  E  Š  I  T  O  V
T  C  Z  Z  J  I  A  O  N  Đ  K  I  J  L  G  U
U  Z  A  R  I  K  G  R  C  E  T  L  L  E  D  I
Y  V  J  R  P  N  A  U  E  L  R  O  V  Z  C  N
G  A  I  C  O  O  Đ  S  J  J  I  K  O  I  M  D
F  N  R  Z  R  R  E  G  P  I  Č  O  N  D  T  U
Đ  O  E  Z  T  T  N  T  O  N  N  E  B  T  U  S
P  D  T  J  N  K  J  E  Y  R  I  Y  O  O  R  T
U  T  A  O  E  E  E  P  U  A  I  E  R  P  B  R
S  E  B  D  N  L  R  A  T  E  J  V  Đ  L  I  I
E  I  T  P  U  E  Z  R  H  L  H  Z  O  I  N  J
U  G  A  B  Đ  A  M  Y  S  K  S  F  Đ  N  A  A
U  G  T  E  D  T  U  A  I  U  H  L  H  A  Đ  U
G  F  Z  D  O  D  F  O  V  N  I  T  H  Đ  E  T
```

BATERIJA
BENZIN
GORIVO
DIZEL
ELEKTRIČNI
ELEKTRON
ENTROPIJA
OBNOVLJIV
TOPLINA
INDUSTRIJA

UGLJIK
MOTOR
NUKLEARNI
FOTON
SUNCE
TURBINA
OKOLIŠ
ZAGAĐENJE
VODIK
VJETAR

48 - Familie

```
M  G  R  D  Y  M  T  I  B  Y  Ž  U  M  Đ  D  E
A  H  V  T  J  P  H  Đ  A  U  F  K  A  Ć  E  N
J  K  U  O  J  E  Y  O  R  A  K  A  J  U  J  U
K  A  D  E  R  P  T  O  W  M  U  Đ  Č  A  D  C
A  Y  T  H  Đ  M  A  I  V  Y  N  O  I  Ć  K  Z
B  E  P  J  K  I  U  J  N  W  U  R  N  F  Z  I
O  T  A  C  H  E  T  M  N  J  Y  Y  S  T  T  D
D  I  U  Z  W  I  H  S  T  I  S  S  K  A  E  O
Y  I  D  G  F  M  B  R  A  T  K  T  I  O  T  Č
Z  T  J  B  N  O  S  E  S  T  R  A  V  N  K  I
H  B  V  E  V  V  M  C  Z  H  W  G  Ć  O  A  N
N  E  C  Y  T  H  L  N  G  Z  K  U  E  E  W  S
F  T  B  T  V  E  C  L  C  J  Đ  R  P  Đ  N  K
W  V  Z  W  G  B  A  K  A  W  N  P  B  V  K  I
J  T  C  P  R  V  Đ  Đ  J  N  F  U  Đ  C  T  D
K  V  A  V  Y  E  S  I  W  A  D  S  H  O  A  U
```

BRAT	NEĆAK
SUPRUGA	NEĆAKINJA
MUŽ	UJAK
UNUK	SESTRA
BAKA	TETKA
DJED	KĆI
DIJETE	OTAC
DJETINJSTVO	OČINSKI
MAJKA	ROĐAK
MAJČINSKI	PREDAK

49 - Pflanzen

```
C  Đ  O  B  T  N  J  N  L  B  G  L  A  A  W  G
M  Y  S  N  D  Z  J  S  D  A  K  I  O  J  G  N
I  N  B  Y  R  S  K  J  M  M  Z  S  L  I  N  M
V  H  E  S  K  B  I  F  T  B  R  T  O  C  O  Z
C  Z  K  T  O  O  V  R  D  U  I  B  V  A  J  C
Y  G  M  Y  Y  B  W  K  O  S  V  M  W  T  I  J
S  R  L  P  Y  I  K  C  A  R  O  L  F  E  V  O
T  M  I  O  B  C  M  I  K  K  H  A  R  G  O  U
E  R  C  J  F  A  N  M  I  V  T  M  H  E  S  U
J  B  A  Z  M  C  H  H  N  E  R  U  M  V  U  W
I  P  V  V  W  I  Y  I  A  L  V  Š  S  J  U  A
V  N  Y  Y  A  T  O  D  T  I  E  H  B  I  E  O
C  A  C  I  I  A  V  E  O  Š  A  D  G  N  A  U
U  J  N  A  J  L  Š  R  B  Ć  L  W  Y  C  C  M
M  A  H  O  V  I  N  A  N  E  J  I  R  O  K  N
J  M  Y  H  S  E  Đ  N  E  S  F  Y  T  U  T  O
```

BAMBUS	BRŠLJAN
DRVO	FLORA
BOBICA	VRT
LIST	TRAVA
CVIJET	KAKTUS
LATICA	LIŠĆE
GRAH	MAHOVINA
BOTANIKA	VEGETACIJA
GRM	ŠUMA
GNOJIVO	KORIJEN

50 - Gewürze

```
K  M  Đ  F  J  S  P  L  C  P  O  G  A  B  C  P
U  S  Z  J  L  L  I  A  G  I  Đ  F  I  H  G  A
M  M  S  P  F  A  U  L  P  O  M  U  R  U  T  P
I  O  E  V  H  T  T  Y  I  R  Z  E  M  B  A  A
N  M  V  H  M  K  A  R  O  G  I  H  T  B  J  R
Č  A  R  O  M  O  K  R  P  K  B  K  Z  G  I  S
E  D  C  K  A  B  I  U  E  D  W  K  A  E  L  R
A  R  D  U  A  I  H  C  C  Đ  L  U  K  K  I  K
F  A  J  S  D  M  C  L  J  C  H  Y  O  N  N  I
H  K  Y  I  S  Z  L  Z  S  L  A  T  K  I  A  S
K  O  R  I  J  A  N  D  E  R  Š  L  P  D  V  E
V  I  K  N  B  E  H  N  A  B  A  V  E  K  V  L
Č  E  Š  N  J  A  K  G  I  A  F  J  T  O  F  O
A  N  I  S  D  F  C  F  A  B  R  F  P  O  T  S
F  S  O  L  A  O  B  S  G  A  A  W  K  G  Y  F
A  M  Đ  Y  D  G  L  S  E  T  N  Y  B  J  V  B
```

ANIS	SLATKI
GORAK	PAPRIKA
CURRY	PAPAR
KOMORAČ	ŠAFRAN
OKUS	SOL
ĐUMBIR	KISELO
KARDAMOM	SLATKO
ČEŠNJAK	VANILIJA
KORIJANDER	CIMET
KUMIN	LUK

51 - Kreativität

```
F  L  U  I  D  N  O  S  T  S  T  J  T  U  N  O
U  J  I  T  C  G  S  A  A  Y  T  K  W  D  E  S
I  W  S  V  B  Z  L  N  A  P  O  O  U  M  T  J
K  C  A  Ć  O  N  S  A  J  D  O  J  A  M  S  E
U  T  S  O  N  L  A  T  I  V  N  Đ  W  Z  O  Ć
N  T  M  O  A  D  R  A  M  A  T  I  Č  A  N  A
U  M  J  E  T  N  I  Č  K  I  I  G  I  R  Č  J
I  F  T  J  N  S  I  M  A  Š  T  A  N  Z  I  E
V  D  U  E  O  R  L  T  R  V  V  I  T  I  T  J
W  N  E  D  P  N  N  I  Š  T  Z  L  U  M  N  I
E  F  W  I  S  T  S  H  K  E  A  Z  I  O  E  Z
K  L  O  S  J  E  Ć  A  J  A  J  K  C  A  T  I
I  N  T  E  N  Z  I  T  E  T  Đ  V  I  G  U  V
C  I  C  F  E  H  P  V  C  Z  H  Y  J  R  A  F
I  N  S  P  I  R  A  C  I  J  A  Y  A  Y  G  F
I  N  V  E  N  T  I  V  N  I  U  T  R  Z  Y  C
```

IZRAZ	INSPIRACIJA
AUTENTIČNOST	INTENZITET
SLIKA	INTUICIJA
DRAMATIČAN	JASNOĆA
DOJAM	UMJETNIČKI
INVENTIVNI	MAŠTA
VJEŠTINA	OSJEĆAJ
FLUIDNOST	SPONTANO
OSJEĆAJE	VIZIJE
IDEJE	VITALNOST

52 - Geschäft

```
R Y V J D V I M U L A G A N J E
T O W R K I N E L S O P A Z Y W
S R B Z J W D N K A R I J E R A
U I A A A F O A J C V Z O G E J
P K Y N O G B D D I D E R U K A
O S K U S E I Ž U N O R Đ K O D
P N Y Č E A T E Ć R H O D P N O
S P D A L G K R A O I P U G O R
H Z G R R J V C N V R G C T M P
D Đ D O A W V A I T P A W C I P
I G A R M Z A V T J Y O U B J H
G A C P B J L O Y R A N N D A V
H Đ Đ K Y L U N K H O D J S J H
N E V G E A T D V D G Š U N K U
M V A F H S A D B O F W A P V Đ
P O S L O D A V A C R I T K B I
```

POSLODAVAC	TROŠAK
PRORAČUN	MENADŽER
URED	ZAPOSLENIK
PRIHOD	POPUST
TVORNICA	POREZI
NOVAC	TRANSAKCIJA
DUĆAN	PRODAJA
DOBIT	ROBA
ULAGANJE	VALUTA
KARIJERA	EKONOMIJA

53 - Ingenieurwesen

```
M A V M T S O N L I B A T S I D
K P N B L E Z I D H I R P F Z U
G M S N E D K T B G K M V S G I
G C Đ Z C A R U T K U R T S R K
S T R O J G I K Ć P W Y R K A R
W Đ E G N A J D A I O Đ O G D M
C G J R K N A B V L N G T H N J
P T M A E S J U N L F A O W J E
O S O R L D I J A G R A M N A R
M L R H D O G C S L A S V P M E
S D P S I Z R A Č U N A R C V N
D J M L C K E N W V D A B E O J
R B K A Y V N I V P O L U G E E
O L B E V F E B D N T W L O T O
I C I N A Č P U Z W C N O U N W
I W A U D I Đ D Z G O A O F Đ K
```

OS

POGON

IZRAČUN

DIJAGRAM

DIZEL

PROMJER

ENERGIJA

TEKUĆINA

ZUPČANICI

POLUGE

IZGRADNJA

STROJ

MJERENJE

MOTOR

STABILNOST

SNAGA

STRUKTURA

DUBINA

KUT

54 - Kaffee

```
C E E E P Y A E Y A J V Y K Y P
U J Y W O E N M Y R N O T F K I
W B S V D N I E F O K D Đ V V Ć
H G A Z R E Ć E Š M V A N R C E
L A K Y I Z U Y A A N W M M Đ L
G A Đ F J P K I S E L O R E B U
J S D U E R E P I H B Y A V R H
G U H O T Ž T I T R W A Z S A K
G K T R L E Đ R E P N N N T T M
J O T R O N G G J F L C O O L L
E O R C O A C I L A Š M L Y I I
H Z E A K N U W M P V W I H F J
Đ Y L S K E G A A O V B K R D E
Đ Z W P E J O Z S B U C O L L K
K E D R M I L O C W E O S Z D O
I O O O N C T S W S Đ A T B F S
```

AROMA	MLIJEKO
GORAK	JUTRO
KREMA	CIJENA
FILTAR	KISELO
TEKUĆINA	CRNA
PRŽENA	ŠALICA
OKUS	PODRIJETLO
PIĆE	RAZNOLIKOST
KOFEIN	VODA
SAMLJETI	ŠEĆER

55 - Gemüse

```
M J U U J B R C Č G S N M Z B A
A K O Č I T R A E L H Y I V U O
S Z S I K T T N Š M R K V A N Y
L S A Y D A O N N I Š R E P D T
I C L R K N Z T J R N V O S E P
N E A L O I F R A K O L M F V A
A L T O Z P W I K B A R S T A T
K E A F E Š U B U R V Š E F R L
F R L J O R N M P O I T A P T I
R A J Č I C A U W K J D S R A D
E R U Y W Y E Đ K U L B Z P G Ž
K R A S T A V A C L G W N M D A
B V B L G S A D Z A D F Y C K N
N O L M T D U F S F B U O V F S
D N W Z D V L K R U M P I R B S
P O H D I S W T R M J H L I F Đ
```

ARTIČOKA   BUNDEVA
PATLIDŽAN   MASLINA
KARFIOL   PERŠIN
BROKULA   GLJIVA
GRAŠAK   REPA
KRASTAVAC   SALATA
ĐUMBIR   CELER
MRKVA   ŠPINAT
KRUMPIR   RAJČICA
ČEŠNJAK   LUK

56 - Schönheit

```
Đ D Š M A S K A R A G K F Z O E
T K K J U D G Y O G N O M G L
Z I A J L U L S Đ J M G T O L E
O E R K O Z M E T I K A O A E G
T J E M I R I S W G D D G L D A
W H U I G P D I B Y U G E P A N
K I I U A R O M A N S R N J L T
C L K P S Z V A S G K S I B O A
Y A W T W Z Z U Đ M H D Č C R N
C Y T S I L I T S R U Ž A F Đ N
Š M E O G M O D P L S O N A M U
O A Č L K N R U S Z U A C L U A
J J R I N O P M A Š R G S S W L
H O V M A V Ž V P L H U E Y Y F
G B O I F Z Đ A L Y D I K M T P
Y P K E L E G A N C I J A W C Z
```

MILOST
ŠARM
USLUGE
MIRIS
ELEGANTAN
ELEGANCIJA
BOJA
FOTOGENIČAN
KOŽA
KOZMETIKA

RUŽ
KOVRČE
ULJA
PROIZVODI
ŠKARE
ŠAMPON
OGLEDALO
STILIST
MASKARA

57 - Tanzen

```
I  Z  R  A  Ž  A  J  A  N  A  T  S  O  D  A  R
T  P  N  I  K  E  A  L  G  M  Z  N  E  M  J  D
I  D  A  U  D  D  J  I  Đ  G  D  N  M  M  I  R
J  D  L  Z  G  A  M  W  N  O  W  V  U  M  F  Y
E  D  A  K  U  F  E  G  S  G  W  T  Z  I  A  A
L  K  N  O  I  K  Z  Z  W  F  I  G  W  L  R  Đ
O  F  O  U  F  K  U  L  T  U  R  N  I  O  G  C
A  J  I  M  E  D  A  K  A  E  B  I  P  S  O  Z
G  C  C  J  K  G  S  K  O  K  M  D  U  T  E  P
D  K  I  E  T  U  L  Đ  V  L  A  O  K  Z  R  R
R  J  D  T  B  Y  L  A  G  W  T  T  C  U  O  O
Ž  V  A  N  E  V  N  T  Z  K  I  C  K  I  K  B
A  I  R  O  C  Y  U  U  U  B  R  Z  E  N  J  A
N  L  T  S  P  R  E  N  T  R  A  P  I  D  I  A
J  P  J  T  P  O  K  R  E  T  A  T  W  I  H  B
E  M  K  L  A  S  I  Č  N  I  D  R  I  V  P  Đ
```

AKADEMIJA	KULTURA
MILOST	KULTURNI
IZRAŽAJAN	UMJETNOST
POKRET	GLAZBA
KOREOGRAFIJA	PARTNER
EMOCIJA	PROBA
RADOSTAN	RITAM
DRŽANJE	SKOK
KLASIČNI	TRADICIONALAN
TIJELO	VIDNI

58 - Ernährung

```
K A R O G U I P D U S A O A J W
A V V E J I R O L A K A Z T O P
M A A T M G R A V R E N J E B Y
U B R L A C F Z V W Y I O J V Đ
K O D U I V Đ C I N O Ž T I Đ B
H R Z T V T E B J I O E P D C N
A P E T I T E E L S I T F V R I
J E S T I V O T N K D C E Đ Z H
P R O T E I N I A O U T J Ž R R
Ž I T A R I C E R T F E L I E I
V D Z O H P T A H J T G V J H N
E M M Đ K Z J L Y N I M A T I V
J W W O V U A E Y E T T R L A P
P Z T P T L S V Y A N J D W M R
U E F N W V D N F J D P Z G A Y
A E C U T Y L U M M Y H E W Z H
```

APETIT
URAVNOTEŽEN
GORAK
DIJETA
JESTIVO
VRENJE
OKUS
ZDRAV
ZDRAVLJE
ŽITARICE

TEŽINA
KALORIJE
HRANLJIV
DIO
PROTEINI
KVALITETA
UMAK
TOKSIN
PROBAVA
VITAMIN

59 - Länder #1

```
S  T  V  U  E  A  J  I  V  T  A  L  Y  Š  K  E
K  E  U  A  N  H  I  T  A  P  I  G  E  P  A  J
P  G  N  L  R  R  P  A  D  A  N  A  K  A  M  R
R  H  Y  E  Đ  J  P  L  V  O  W  Đ  S  N  B  V
U  L  A  U  G  K  B  I  Y  G  S  R  P  J  O  M
M  P  I  Z  M  A  T  J  M  C  A  H  R  O  D  Y
U  V  E  E  N  K  L  A  G  A  B  R  J  L  Ž  A
N  I  W  N  A  Š  I  P  R  D  L  U  A  S  A  E
J  J  L  E  K  E  Z  I  R  A  K  I  N  K  Đ  N
S  E  V  V  U  V  A  F  I  N  S  K  A  A  I  G
K  T  J  T  V  R  R  I  N  D  I  J  A  K  K  N
A  N  Y  S  J  O  B  N  J  E  M  A  Č  K  A  Đ
K  A  G  W  S  N  J  F  P  O  L  J  S  K  A  D
D  M  T  Y  T  B  L  C  U  L  H  U  K  I  N  G
G  D  P  A  I  J  E  P  A  G  B  E  P  A  H  N
I  Z  R  A  E  L  I  P  L  N  I  N  D  K  C  O
```

EGIPAT	LATVIJA
BRAZIL	MALI
NJEMAČKA	NIKARAGVA
FINSKA	NORVEŠKA
INDIJA	POLJSKA
IRAK	RUMUNJSKA
IZRAEL	SENEGAL
ITALIJA	ŠPANJOLSKA
KAMBODŽA	VENEZUELA
KANADA	VIJETNAM

60 - Technologie

```
M O Z Z F C S V C O O V B Y N S
G U Y Z R A Č U N A L O U C P T
S L U D E R D I G I T A L N I S
D I P T R E V T F O S U R I V Y
A D L R R M H M S I Z Đ O E S I
L Y E J N A V I Ž A R T S I T O
H K B J A K E T O T A D Đ V A D
R T Z T G D L G I U R A N O T D
K M A L Đ J T B L O G L N T I M
R S K I N D E L G E R P S J S B
W S I R P S N M B P Z E T A T Y
V S R R O S R U K M O A N B I F
Z B P G D I E C J W Đ R S W K Đ
O N A L A U T R I V I T U L A Đ
F M A U C H N T F O N H J K O C
B T F C I S I G U R N O S T A N
```

PRIKAZ
ZASLON
BLOG
PREGLEDNIK
BAJTOVI
RAČUNALO
KURSOR
DATOTEKA
PODACI
DIGITALNI

ISTRAŽIVANJE
INTERNET
KAMERA
PORUKA
SIGURNOST
SOFTVER
STATISTIKA
VIRTUALAN
VIRUS

61 - Science Fiction

```
T T H I I S P S T Z W T O P K M
A R T A V V K M E H T D A R R I
J D C W B I Y W H I Đ W K Z A L
A L L I S J F U N O C L W P J U
N C N Z D E E T O N I K C H N Z
S J O Y B T D S L V S I N O O I
T A P H A J I Z O L P S K E S J
V C J M F H V Z G D K H U J T A
E J J I S E T Š I Č O R O R P Y
N I Z H P M R A J I P O T S I D
I R R O B O T I A T E N A L P K
F A N T A S T I Č A N G K I L E
L N K J F U T U R I S T I Č K I
A E R E A L N O B E I D M J B L
A C Z A M I Š L J E N Đ A H N S
M S V Z G A L A K S I J A D J K
```

KNJIGE
DISTOPIJA
EKSPLOZIJA
KRAJNOST
FANTASTIČAN
VATRA
FUTURISTIČKI
GALAKSIJA
TAJANSTVENI
ILUZIJA

ZAMIŠLJEN
KINO
PROROČIŠTE
PLANETA
REALNO
ROBOTI
SCENARIJ
TEHNOLOGIJA
UTOPIJA
SVIJET

62 - Literatur

```
S  B  N  F  A  Z  T  E  F  D  U  R  I  T  A  M
P  J  E  S  M  A  L  K  H  I  M  N  Z  Č  F  P
Z  L  U  V  A  P  U  V  R  K  W  M  A  I  O
A  U  T  O  R  A  M  A  G  P  G  C  W  D  Z  P
P  Z  A  J  I  F  A  R  G  O  I  B  I  E  L  I
J  A  N  A  R  E  M  M  Z  C  A  F  H  J  R  S
E  K  E  J  N  M  I  D  Z  U  N  K  U  V  A  T
S  L  G  E  K  A  R  M  N  L  A  A  F  O  M  B
N  J  D  O  S  G  L  B  Z  U  L  J  F  P  E  C
I  U  O  T  L  U  G  O  I  V  I  I  L  I  T  S
Č  Č  T  S  C  A  S  S  G  D  Z  D  W  R  A  Z
K  A  A  W  G  F  J  P  O  I  A  E  S  P  F  O
I  K  T  E  M  A  B  I  Đ  L  J  G  G  B  O  A
F  W  K  I  S  Y  A  Z  D  G  N  A  M  O  R  N
U  S  P  O  R  E  D  B  A  C  T  R  G  Đ  A  J
O  N  Z  D  O  H  U  W  L  N  S  T  J  B  V  W
```

ANALOGIJA
ANALIZA
ANEGDOTA
AUTOR
OPIS
BIOGRAFIJA
DIJALOG
PRIPOVJEDAČ
FIKCIJA
PJESMA

METAFORA
PJESNIČKI
RIMA
RITAM
ROMAN
ZAKLJUČAK
STIL
TEMA
TRAGEDIJA
USPOREDBA

63 - Wandern

```
C B E Z D K R P Č I Z M E F E Ž
Y D D Z S Y T O H T N A S F K I
A D O R I R P P O S M L V K A V
S M I I L V M A D O V N C R M O
V R I J E M E R D N Đ U N S E T
Z T P L N U Z K V S J L D I N I
U O R V K B G O B A K Š E T J N
H N I I A P K V C P C P K B E J
Đ H P D R I Č I D O V I M J C E
Đ S R N T J G Đ S N E J T G R Z
E D E S A J I C A T N E J I R O
Y H M Đ U U L M L R B Z M W L D
B M A Y P N K A M P I R A N J E
U M O R N I C F L D M W S D D S
S M Z Z D T Đ E R B K Đ B C B S
Đ D Z O W D D I P L A N I N A E
```

PLANINA
KAMPIRANJE
VODIČI
OPASNOSTI
KARTA
KLIMA
LITICA
UMORNI
PRIRODA
ORIJENTACIJA

PARKOVI
TEŠKA
SUNCE
KAMENJE
ČIZME
ŽIVOTINJE
PRIPREMA
VODA
VRIJEME
DIVLJI

64 - Globale Erwärmung

```
C  G  Đ  T  U  N  K  P  S  L  V  R  M  I  S  N
C  J  P  S  E  A  L  A  R  A  M  A  N  T  O
R  L  L  O  H  Đ  I  I  C  W  T  D  Z  D  A  L
T  U  D  N  A  U  M  K  I  T  K  R  A  U  N  F
U  I  T  Ć  J  Y  A  Š  P  L  K  A  K  S  O  T
M  E  Đ  U  N  A  R  O  D  N  I  Z  O  T  V  L
D  R  L  D  Ž  J  D  L  A  D  N  V  N  R  N  L
C  U  W  U  A  I  N  O  L  H  E  O  O  I  I  P
J  T  V  B  P  G  G  K  L  P  V  J  D  J  Š  F
N  A  A  Z  I  R  K  E  S  U  T  I  A  A  T  T
U  R  L  H  N  E  Đ  M  A  Y  S  J  V  D  V  I
C  E  Đ  A  I  N  Đ  N  M  N  N  P  S  A  O  G
C  P  V  H  R  E  N  L  E  E  A  L  T  L  L  F
M  M  S  T  A  N  I  Š  T  A  N  I  V  V  U  H
B  E  P  O  D  A  C  I  J  C  Z  N  O  R  C  M
Y  T  G  E  N  E  R  A  C  I  J  E  G  V  G  P
```

ARKTIK
PAŽNJA
STANOVNIŠTVO
PODACI
ENERGIJA
RAZVOJ
PLIN
GENERACIJE
ZAKONODAVSTVO
INDUSTRIJA

MEĐUNARODNI
SADA
KLIMA
KRIZA
STANIŠTA
VLADA
TEMPERATURE
EKOLOŠKI
ZNANSTVENIK
BUDUĆNOST

65 - Länder #2

```
W I G I D V V L A N M J O U U V
B J N O G C G O J V P S A E C B
K S V L Đ P A K I S T A N P N B
J E L L O I K I P A Y J F E A Đ
A E N O T A Č S O A L I R G J N
M U A I A M R K I M W R A M I U
A G D Y J L G E T J N E N S S K
J A U D I A B M E U Z G C H U R
K N S M R D H A K S R I U A R A
A D G C I P G J N K O N S I V J
L A S M S N O T Y I I Đ K T S I
S C E N E P A L V P J H A I G N
R Y O Đ H E H M V C A A T G D A
Y M I Z G A Z V L I B E R I J A
T M B C J A U S J J B A A K A O
U U E C T N W A S G M E M R Z U
```

ALBANIJA   LIBERIJA
ETIOPIJA   MEKSIKO
FRANCUSKA   NEPAL
GRČKA   NIGERIJA
HAITI   PAKISTAN
IRSKA   RUSIJA
JAMAJKA   SUDAN
JAPAN   SIRIJA
KENIJA   UGANDA
LAOS   UKRAJINA

66 - Fahrzeuge

```
T  H  I  T  N  A  P  O  M  O  Ć  I  M  S  R  F
R  R  O  T  O  M  O  G  K  A  L  V  S  K  A  K
J  P  A  A  V  E  D  Đ  Đ  A  M  Y  L  U  K  H
Z  L  S  K  H  E  S  C  M  V  M  E  T  T  E  B
J  V  Đ  Đ  T  E  K  O  M  B  I  I  Z  E  T  K
Č  A  M  A  C  O  L  R  Z  N  S  M  O  R  A  O
V  U  B  C  Y  L  R  I  G  K  K  T  V  N  T  W
O  J  F  L  K  V  T  R  K  O  A  I  L  P  T  C
L  L  Y  L  U  V  S  U  B  O  T  U  A  C  R  B
P  O  D  M  O  R  N  I  C  A  P  Đ  N  P  A  I
O  E  E  U  Z  D  A  M  O  Z  T  T  R  Đ  J  C
K  R  E  F  N  M  V  A  L  P  S  D  E  C  E  I
A  G  M  M  Y  V  A  D  R  F  O  Y  Y  R  K  K
R  U  C  Đ  N  S  R  Đ  L  Y  V  U  S  B  T  L
Z  M  U  I  B  K  A  A  U  T  O  M  O  B  I  L
I  E  E  R  K  O  K  P  R  E  Y  L  C  P  S  H
```

AUTOMOBIL	MOTOR
ČAMAC	RAKETA
AUTOBUS	GUME
BICIKL	SKUTER
TRAJEKT	TAKSI
SPLAV	TRAKTOR
ZRAKOPLOV	PODMORNICA
HELIKOPTER	KOMBI
HITNA POMOĆ	KARAVAN
KAMION	VLAK

67 - Musikinstrumente

```
M  M  L  O  W  D  A  G  C  I  L  H  B  V  T  Y
Đ  A  O  B  O  Y  U  C  O  C  C  R  U  I  A  J
V  T  N  F  A  G  O  T  S  N  F  R  B  O  M  Y
T  U  O  D  B  E  N  D  Ž  O  G  E  A  L  B  V
M  A  B  E  O  I  A  U  E  J  J  R  N  O  U  I
S  L  M  H  F  L  S  W  T  T  Đ  M  J  N  R  O
Y  F  O  N  A  K  I  N  O  M  R  A  H  Č  A  L
C  J  R  I  I  Y  U  N  U  E  N  R  U  E  Š  I
K  M  T  D  V  S  C  V  A  K  F  I  M  L  K  N
L  Y  L  A  J  J  E  M  B  J  K  M  I  O  I  A
A  R  A  T  I  G  T  B  H  L  K  B  N  H  R  Z
R  O  K  N  O  F  O  S  K  A  S  A  V  P  V  N
I  A  S  F  I  U  T  B  C  R  R  I  V  A  L  K
N  I  O  Z  I  S  Y  U  P  A  W  F  H  L  W  G
E  F  F  F  I  H  U  B  L  D  T  E  A  Y  H  M
T  Y  V  U  P  B  J  E  S  U  W  T  R  U  B  A
```

BENDŽO
VIOLONČELO
FAGOT
FLAUTA
VIOLINA
GITARA
GONG
HARFA
KLARINET
KLAVIR

MANDOLINA
MARIMBA
HARMONIKA
OBOA
TROMBON
SAKSOFON
UDARALJKE
TAMBURAŠKI
BUBANJ
TRUBA

68 - Blumen

```
A D N A V A L B Y W A O T M O C
J C E Ž F M S O O L J Z R F Đ E
I M Đ U E M Đ Đ Ž Ž H L A W F F
L K V R U T N V K M U C T P J U
O A S C J O Y V W I D R I I V K
N Č T U P Z J G L I L A N T M L
G A R I N A J L I J L P Č S D Đ
A L U A C C V E I P O L I D J P
M S K T Đ A O T G Đ G U C Đ E M
L A Đ R S B E K I P P M A B T A
Z M L W A S Y V R C K E R U E K
T E K B Đ Y U I W E E R G K L C
T U L I P A N F E R T I A E I B
C G G A R D E N I J A J N T N B B
A T U H I B I S K U S A G F A Z
O R H I D E J A J A S M I N M Z
```

LATICA
GARDENIJA
TRATINČICA
HIBISKUS
JASMIN
DJETELINA
LAVANDA
LILA
LJILJAN
MASLAČAK

MAGNOLIJA
MAK
ORHIDEJA
BOŽUR
PLUMERIJA
RUŽA
SUNCOKRET
BUKET
TULIPAN

69 - Natur

```
S T E L F E J N I T O V I Ž A I
W I T G O A R G B B O M Đ U S G
B T Š G M A T O P E J L J R J G
U G I I L L N N Z R D O N C V G
E N N A V K A R A I K S P O R T
A P O L G N C I K P J N A T I B
R L L G E Š U M A Č H A W S Đ Z
K I K A V D J N O E G Č F V S P
T Š S M N Y E I J L V I D E P I
I Ć R A A I S N I E L M K T U F
K E W T J Y N A J Đ J A O I S R
P C R Đ O L S E D A F N E Š T N
V A W O K E M I N K K I D T I Y
F J G U O R I J E K A D M E N Đ
H Đ F S P A Y H N H C J R H J Z
M H W R S A Z F L D Đ D R G A J
```

ARKTIK
PLANINE
PČELE
DINAMIČAN
EROZIJA
RIJEKA
MIRNO
LEDENJAK
SVETIŠTE
SPOKOJAN

LIŠĆE
BITAN
MAGLA
LJEPOTA
SKLONIŠTE
ŽIVOTINJE
TROPSKI
ŠUMA
DIVLJI
PUSTINJA

70 - Urlaub #2

```
S  Y  R  K  H  P  S  B  T  I  C  D  E  T  P  K
T  W  T  D  M  F  R  C  M  C  Z  L  J  J  U  A
R  H  A  Z  I  V  L  I  J  F  C  J  J  P  T  M
A  E  K  A  L  V  W  A  J  C  I  W  O  U  O  P
N  S  S  Y  U  K  H  K  G  E  V  M  W  T  V  I
I  G  I  K  G  N  T  U  F  O  V  Z  V  O  N  R
P  L  A  N  I  N  E  L  R  D  Z  O  B  V  I  A
W  K  N  P  L  A  Ž  A  N  R  N  H  Z  A  C  N
C  O  A  E  D  P  V  N  L  E  O  N  U  N  A  J
F  T  R  R  P  Đ  L  Č  U  D  Đ  T  C  J  W  E
O  T  O  O  T  C  W  A  P  I  K  D  A  E  M  U
O  Z  T  M  Z  A  O  R  J  Š  P  R  N  Š  S  K
D  Z  S  W  N  L  T  Z  W  T  H  V  A  P  R  S
M  L  E  T  O  H  O  Đ  T  E  Z  H  R  V  P  E
O  U  R  O  C  P  K  O  J  U  G  S  T  G  R  H
R  U  P  S  U  M  I  G  B  M  A  J  S  W  E  B
```

STRANAC	PUTOVANJE
STRANI	RESTORAN
PLANINE	PLAŽA
KAMPIRANJE	TAKSI
ZRAČNA LUKA	PRIJEVOZ
HOTEL	ODMOR
OTOK	VIZA
KARTA	ŠATOR
MORE	ODREDIŠTE
PUTOVNICA	VLAK

71 - Barbecues

```
E L Z T U I I T G F C V U Đ O E
L L W N M U K Đ W L V H O B T B
O E J N A H U K Y O A W V B C K
T B E N K A Č U R S J D R S L U
E S I R Đ F H M A U I E U N Đ E
J L I T Š O R W P U H S Ć B L P
L Đ C L E Ć O V A V A A E L F W
G Đ H U S L T S P E V L M J J G
A O M J E P J G M Č I A T J L T
O Y D K P Z V S C E L T V U N J
P O V R Ć E G W P R I E N I L I
N O Ž E V I E L S A C E J D V E
P I L E T I N A A S E K R P V R
O G J A H L U G A Z Đ G O V U H
E I A B A P N E S K B I G R E U
K J M A W M Y C L L S A V D P L
```

VEČERA

OBITELJ

VOĆE

VILICE

POVRĆE

ROŠTILJ

VRUĆE

PILETINA

GLAD

DJECA

KUHANJE

NOŽEVI

RUČAK

GLAZBA

PAPAR

SALATE

SOL

LJETO

UMAK

IGRE

72 - Schach

```
S T R A T E G I J A W B Đ C V T
W L P R P R A V I L A V Y V R O
W V S G J P K D Y E C D L Z I Č
B C N I D W C R N A O D E F J K
G R A A E R M D R V O M V H E E
V F T J T Y Đ J R C Z B J O M M
H P E Y S J K R A L J I C A E G
I E M E E S E B I J E L I U H K
K P A N H N B C J U L H R F A U
J O P R G Y K Y A N K E S J C G
V L F I S Č D P O N V I S A P U
A L A N O G A J I D J F I C R Č
K G Đ R S Đ U R B N L E L G L I
P O C U K B O U G P R V A K L T
P R O T I V N I K I Y B K U W I
G M U E Đ Ž R T V O V A T I J Z
```

PRVAK
DIJAGONALA
PROTIVNIK
PAMETAN
KRALJ
KRALJICA
UČITI
ŽRTVOVATI
PASIVNO
TOČKE

PRAVILA
CRNA
IGRA
IGRAČ
STRATEGIJA
TURNIR
BIJELI
NATJECANJE
VRIJEME

73 - Geographie

```
S G R A D M Z B A R W G A V K T
B J R K T N E N I T N O K I C W
P E E V O L M Z S Đ U O E S W V
W O B V A A L A K F M M J I K H
A N D N E I J P C L S O I N B H
F F Y R T R A A G A A T R A K E
W U O W U J E D P P W P P E T M
Đ W G A R Č A T L A S N M Š N I
S V I J E T J C Z S K R A I Y S
M T B Y T S E E K O H E U R O F
C M E R I D I J A N B K R I C E
R G O H U Z D P W D S V E N E R
U Z P V V J V E R E O A G A A A
A S R R S U R Đ P N T T I G N M
P L A N I N A U U O O O J E E S
D P G R R O V M Đ M K R A C U G
```

ATLAS	KONTINENT
EKVATOR	ZEMLJA
PLANINA	MORE
ŠIRINA	MERIDIJAN
RIJEKA	SJEVER
PODRUČJE	OCEAN
HEMISFERA	REGIJA
VISINA	GRAD
OTOK	SVIJET
KARTA	ZAPAD

74 - Zahlen

```
R F K F L W Š S H O Đ L D A Y K
F S Y G Y G E Č E T R N A E S T
M Y R N T T S E A N I R T Y S H
K W Y S R K N G J W N G V O L Z
D O E B H M A S O E U U N O Đ N
E V E T Z G E J J Y L Y Y N W G
M G A W J N S P A L A M I C E D
P R V D I R T S E A N T E V E D
F A D L E R Š E S T P S E F W D
O J B L U S I A Z H E E W S W Đ
H J I V S G E T B S T A Đ N E N
L M Y Đ B H U T E P N N J B A D
D E V E T F U V B Č A M A D E S
R R J W C B D Y T S E A N A V D
B R Đ N N R R K P K S S J K C V
S E D A M N A E S T T O L C J W
```

OSAM	ŠEST
OSAMNAEST	ŠESNAEST
DECIMALA	SEDAM
TRI	SEDAMNAEST
TRINAEST	ČETIRI
PET	ČETRNAEST
PETNAEST	DESET
DEVET	DVADESET
DEVETNAEST	DVA
NULA	DVANAEST

75 - Kunst Liefert

```
N  M  H  T  A  K  K  V  K  E  F  V  O  D  A  S
U  L  J  E  N  I  U  A  C  I  L  O  T  S  M  N
V  T  I  N  T  A  Đ  P  M  B  D  G  G  O  T  U
E  S  S  T  M  M  C  T  P  E  J  E  D  I  M  N
D  Z  P  O  U  E  C  I  D  K  R  D  M  R  S  L
V  F  K  G  N  J  P  J  Đ  V  G  A  F  L  T  J
Y  O  L  Đ  E  V  Y  V  M  O  R  I  U  J  O  E
I  B  R  E  J  S  I  L  K  L  I  R  K  A  L  P
U  J  Y  L  L  T  Z  T  Č  O  G  L  I  N  A  I
M  S  L  K  G  A  F  Đ  A  P  A  P  I  R  E  L
B  G  J  F  U  L  B  T  S  E  U  I  N  L  Đ  O
Y  O  S  N  N  A  G  Z  I  L  R  E  V  Y  U  R
T  I  J  F  Y  K  N  W  R  O  M  K  W  E  J  W
E  S  Z  E  C  I  J  O  B  Č  E  T  K  E  L  J
D  P  P  E  C  E  F  P  B  F  L  Y  B  E  Đ  F
N  P  B  H  T  B  N  Y  O  Y  J  H  S  F  M  Y
```

AKRIL	ULJE
OLOVKE	PAPIR
BOJICE	BRISAČ
ČETKE	STALAK
BOJE	STOLICA
UGLJEN	STOL
IDEJE	TINTA
KAMERA	GLINA
KREATIVNOST	VODA
LJEPILO	

76 - Tage und Monate

```
N  V  Y  A  L  U  K  E  Đ  N  L  A  I  M  L  L
C  E  U  T  O  R  A  K  A  T  E  P  J  M  S  I
K  L  O  S  Z  C  A  N  I  S  O  R  P  C  D  S
F  J  N  A  Č  E  J  I  S  J  W  I  A  F  S  T
M  A  D  A  A  S  G  Z  Y  N  Z  A  G  K  K  O
O  Č  Y  I  W  E  L  I  P  A  N  J  I  O  A  P
B  A  K  V  Y  J  P  T  S  P  Đ  L  S  L  L  A
H  J  I  P  C  M  C  W  J  R  N  W  A  O  E  D
O  I  M  T  S  Y  I  J  L  S  I  S  J  V  N  S
P  O  N  E  D  J  E  L  J  A  K  J  L  O  D  U
T  R  A  E  Y  S  G  Đ  B  I  N  Đ  E  Z  A  B
J  Y  J  A  D  M  V  J  K  Z  N  I  J  D  R  O
E  I  U  L  G  U  Đ  I  F  U  U  N  D  F  A  T
D  U  R  J  K  A  T  R  V  T  E  Č  E  O  Z  A
A  V  C  Đ  B  L  I  S  S  S  B  H  N  N  C  G  F
N  W  W  J  Đ  Z  H  O  P  T  C  L  H  F  I  Z
```

KOLOVOZ	KALENDAR
PROSINAC	SRIJEDA
UTORAK	MJESEC
ČETVRTAK	PONEDJELJAK
VELJAČA	STUDENI
PETAK	LISTOPAD
GODINA	SUBOTA
SIJEČANJ	RUJAN
SRPANJ	NEDJELJA
LIPANJ	TJEDAN

77 - Kräuterkunde

```
L O S U T Đ T B C K O O K D G Đ
K O M O R A Č E P L K B O R T M
T R V L J V D Đ K A U O R A R E
K I K S T A M O R A S S I G W Y
K O M I P A V V Z P Đ I S U R B
M U P I V D K S J G D L N L U D
A F L A J N I Š R E P J O J Ž V
Ž J O I R A T E T I L A V K M T
U V N F N V N E L E Z K T A A B
R Đ P O A A Č E Š N J A K U R D
A P V B R L R F D T T J R V I I
N J A Đ F S O S Y E L O A N N M
C Y O H A U W F K J K T V V E B
O R P Đ Š S K W A I G S Z O I G
V S R C A W C I Đ V Đ A F I M U
U W A O Y G W Z E C Đ S M F B K
```

AROMATSKI	KULINARSKI
BOSILJAK	LAVANDA
CVIJET	MAŽURAN
KOPAR	PERŠIN
DRAGULJ	KVALITETA
KOMORAČ	RUŽMARIN
VRT	ŠAFRAN
OKUS	TIMIJAN
ZELEN	KORISNO
ČEŠNJAK	SASTOJAK

78 - Aktivitäten und Freizeit

```
O  G  Y  C  E  B  S  V  Z  Đ  P  B  M  E  S  O
P  O  A  K  J  O  B  D  O  A  K  D  O  N  Y  V
M  L  J  M  R  K  W  S  P  N  O  G  O  M  E  T
U  F  I  C  L  S  Đ  U  U  M  L  Đ  O  R  I  S
B  M  H  L  F  M  J  R  Š  R  L  O  I  A  E  R
N  E  J  T  M  V  U  F  T  R  E  V  H  U  G  A
R  L  J  E  I  S  I  A  A  K  R  A  Š  O  K  B
Y  A  Y  Z  T  R  N  N  P  C  O  K  N  J  I
W  W  Z  B  B  N  Z  J  J  L  T  E  N  I  S  R
N  V  P  R  Đ  O  O  E  E  I  U  N  F  T  L  L
V  R  K  L  M  V  L  S  V  V  I  N  V  A  O  S
R  O  N  J  E  N  J  E  T  A  L  O  V  V  G  O
H  O  B  I  J  I  M  C  I  N  Z  H  E  O  U  D
K  L  R  A  I  N  B  Đ  S  J  R  H  Y  T  V  S
Đ  A  S  H  Z  B  O  I  W  E  A  Z  I  U  B  Đ
V  R  T  L  A  R  S  T  V  O  T  Y  Z  P  D  D
```

RIBARSTVO	HOBIJI
BEJZBOL	UMJETNOST
KOŠARKA	PUTOVATI
BOKS	PLIVANJE
OPUŠTANJE	SURFANJE
NOGOMET	RONJENJE
VRTLARSTVO	TENIS
SLIKA	ODBOJKA
GOLF	

79 - Formen

```
S  E  I  A  K  F  Đ  N  M  M  P  S  D  U  J  K
J  F  Z  V  I  V  N  K  R  D  J  R  K  H  W  O
S  K  O  C  K  A  C  R  T  A  T  H  I  D  Đ  N
D  T  U  K  O  R  T  Z  U  P  K  S  S  Z  Y  U
J  E  R  N  K  R  A  D  N  I  L  I  C  I  M  S
N  R  Z  A  K  U  L  U  P  R  I  T  E  L  E  A
A  O  N  J  N  R  K  J  O  A  R  E  F  S  B  H
K  A  Đ  L  A  A  U  Y  L  M  I  E  D  P  A  I
V  K  F  U  L  P  R  G  I  I  E  J  V  F  F  P
A  A  A  V  A  O  J  A  G  D  L  M  A  U  A  E
D  M  R  I  V  K  P  G  O  A  I  E  B  Y  H  R
R  Z  U  R  O  Y  B  E  N  T  P  B  J  C  R  B
A  D  B  K  U  T  T  Z  D  A  S  R  H  M  N  O
T  N  O  H  A  E  F  C  V  T  A  V  L  A  R  L
B  I  V  R  L  F  N  I  V  W  J  U  G  G  D  A
W  K  I  N  T  U  K  O  V  A  R  P  A  M  S  D
```

LUK	CRTA
TROKUT	OVALAN
KUT	POLIGON
ELIPSA	PRIZMA
HIPERBOLA	PIRAMIDA
RUBOVI	KVADRAT
KONUS	PRAVOKUTNIK
KRUG	STRANA
SFERA	KOCKA
KRIVULJA	CILINDAR

80 - Musik

```
P  J  M  Č  H  M  U  I  Z  A  N  M  H  B  C  S
J  T  I  A  D  A  L  A  B  L  A  Đ  N  F  A  D
E  U  K  V  T  U  R  O  O  R  I  U  K  K  U  N
S  L  R  E  N  I  U  M  R  K  T  L  S  P  G  T
N  P  O  J  E  N  R  E  O  I  A  Đ  M  R  N  Đ
I  O  F  P  M  Č  G  T  P  N  R  C  V  J  S  O
Č  P  O  F  U  I  P  W  M  E  I  A  L  B  U  M
K  E  N  B  R  S  A  K  E  B  Z  J  N  Đ  Y  K
I  R  W  J  T  A  I  N  T  Z  I  K  S  R  I  L
T  A  Z  S  S  L  Y  Z  Y  A  V  Đ  E  K  F  H
A  D  O  L  N  K  Đ  D  M  L  O  W  C  L  I  J
V  Y  Đ  R  I  G  Z  P  B  G  R  S  K  L  A  D
E  R  I  T  M  I  Č  A  N  Đ  P  E  E  H  P  W
J  T  M  E  L  O  D  I  J  A  M  F  C  H  C  J
P  M  J  U  Z  I  K  L  E  P  I  Z  Y  B  S  S
R  V  B  B  K  V  P  Y  V  S  M  D  O  M  R  A
```

ALBUM	MIKROFON
BALADA	MJUZIKL
ZBOR	GLAZBENIK
SKLAD	OPERA
HARMONIJSKI	PJESNIČKI
IMPROVIZIRATI	RITMIČAN
INSTRUMENT	RITAM
KLASIČNI	PJEVAČ
LIRSKI	PJEVATI
MELODIJA	TEMPO

81 - Antiquitäten

```
W  S  Y  R  L  V  H  L  U  L  A  G  A  N  J  E
Z  A  I  E  V  I  A  J  I  R  E  L  A  G  U  S
V  R  I  J  E  D  N  O  S  T  N  M  D  O  A  T
U  U  V  A  C  F  C  R  A  T  S  U  D  E  N  O
K  T  T  T  O  N  Č  I  T  N  E  T  U  A  Đ  L
R  P  Đ  Š  N  A  L  J  S  A  C  K  C  A  I  J
A  L  D  E  Č  K  B  T  A  T  I  Y  L  C  W  E
S  U  H  J  I  I  G  H  J  N  N  H  Z  I  K  Ć
N  K  Y  M  B  T  S  Y  I  A  A  S  H  J  V  E
O  S  V  A  O  S  Z  W  Z  G  V  K  B  E  A  S
Đ  P  T  N  E  Đ  H  B  U  E  O  K  I  N  L  S
U  T  D  T  N  I  A  L  T  L  K  Đ  C  A  I  O
S  T  A  N  J  E  W  C  N  E  Z  O  U  W  T  G
U  O  Z  I  K  K  I  N  E  K  I  L  S  V  E  G
U  M  J  E  T  N  O  S  T  J  A  Y  K  Z  T  F
J  V  N  S  V  D  V  Z  H  K  H  L  J  V  A  T
```

STAR	NAMJEŠTAJ
AUTENTIČNO	KOVANICE
UKRASNO	CIJENA
ELEGANTAN	KVALITETA
ENTUZIJASTA	NAKIT
GALERIJA	SKULPTURA
SLIKE	STIL
ULAGANJE	NEOBIČNO
STOLJEĆE	VRIJEDNOST
UMJETNOST	STANJE

82 - Adjektive #2

```
A  I  Đ  Z  R  M  B  A  N  A  Z  H  N  E  I  L
L  F  J  U  E  G  I  R  M  R  D  R  C  L  B  R
F  Đ  J  C  P  H  L  T  U  S  R  Z  F  E  N  Đ
A  G  B  W  W  J  I  A  F  R  A  A  P  G  K  U
C  H  O  P  I  S  N  I  D  N  V  N  O  A  N  U
S  J  E  S  T  I  V  O  D  A  Y  I  Z  N  D  D
P  V  F  J  C  Đ  I  V  I  R  N  M  N  T  N  P
Đ  O  J  H  I  Z  T  O  V  O  A  L  A  A  A  R
I  J  N  E  R  K  A  N  L  V  L  J  T  N  Č  I
U  S  A  O  Ž  A  E  N  J  O  A  I  I  Đ  I  R
J  B  L  C  S  E  R  R  I  G  M  V  J  W  T  O
V  T  S  P  W  A  K  A  J  D  R  A  D  D  A  D
L  C  R  T  L  N  N  P  Y  O  O  T  H  R  M  N
N  U  Y  S  P  O  N  Č  I  T  N  E  T  U  A  O
P  R  O  D  U  K  T  I  V  N  I  S  E  C  R  L
S  M  J  H  O  O  E  F  U  B  C  T  T  E  D  Đ
```

AUTENTIČNO	KREATIVNI
POZNATI	PRIRODNO
OPISNI	NOVO
DRAMATIČAN	NORMALAN
ELEGANTAN	PRODUKTIVNI
JESTIVO	SLAN
SVJEŽE	JAK
ZDRAV	PONOSAN
GLADAN	ODGOVORAN
ZANIMLJIV	DIVLJI

83 - Kleidung

```
H  B  J  Z  R  T  I  K  A  N  I  J  K  H  O  E
I  G  A  J  L  U  Š  O  K  K  F  W  W  L  W  N
B  R  K  M  B  P  M  H  O  W  Đ  H  M  Š  W  T
J  E  N  H  V  A  E  U  A  D  O  M  L  A  N  R
S  Đ  A  O  N  K  Đ  P  L  L  Đ  W  F  L  A  A
Š  E  Š  I  R  Y  T  P  E  O  J  Y  H  C  R  P
S  Đ  W  J  A  P  V  N  P  B  O  I  E  M  U  E
K  U  D  H  Đ  N  V  P  I  D  S  K  N  S  K  R
Y  M  K  H  L  A  Č  E  C  B  Ž  W  G  A  V  I
R  L  Y  N  B  L  U  Z  A  U  J  E  K  J  I  C
W  G  G  Đ  J  P  I  D  Ž  A  M  A  M  O  C  E
O  A  U  V  I  A  C  I  L  R  G  O  F  P  A  F
W  P  K  H  R  U  K  A  V  I  C  E  O  C  E  K
Đ  P  R  E  G  A  Č  A  V  Đ  D  U  Đ  L  R  R
B  P  W  G  N  Z  U  J  P  J  K  W  G  V  P  V
V  M  S  P  I  Đ  H  V  F  Đ  Đ  O  I  S  H  Z
```

NARUKVICA	HALJINA
BLUZA	KAPUT
POJAS	MODA
OGRLICA	DŽEMPER
RUKAVICE	SUKNJA
KOŠULJA	ŠAL
HLAČE	PIDŽAMA
ŠEŠIR	NAKIT
JAKNA	CIPELA
TRAPERICE	PREGAČA

84 - Haus

```
N I M A K P A K J L I T E J V S
A Ž A R A G J N N B Đ D E P S D
M Y D R M H N J K T E I U D O I
J S O W K R I I P R O Z O R B M
E P P V C Z H Ž Z R H V T U A N
Š A O O N L U M I Y N W F L J
T V U R T G K I H S G G B E P A
A A P K T K S C V R A T A Đ V K
J Ć Đ Đ K S R A B S V R T O G J
I A D A R G O O T M S N R G C A
F S M K C B K T V J S N T L O T
N O Đ E J H H Đ A L D R T E J Đ
M B N R T F S T B T J V U D E H
S A E Z H L T U R L H E R A K E
O O D E E M A Š R V G G G L Y N
C D U A F A K M F K I M K O K W
```

METLA	KUHINJA
KNJIŽNICA	SVJETILJKA
KROV	NAMJEŠTAJ
POTKROVLJE	SPAVAĆA SOBA
STROP	DIMNJAK
TUŠ	OGLEDALO
PROZOR	VRATA
GARAŽA	ZID
VRT	OGRADA
KAMIN	SOBA

85 - Bauernhof #1

```
S A P T M G L W K G M P T Y P K
O I C Z E B P L P N A K Č S S Z
L G J L D I U L O O Č O S E T U
Đ Z R E L B F P L J K R K O L M
Z N K A N P P O J I A V A R K A
K L W W D O Z L O V J Y I A O Đ
B B E Đ B A E J P O N M K M D W
C A R A G A M E R S I K O Z A T
D N J S A I L S I M V F B T D N
N A T N G M J S V Y S U G H A A
N R K O N J I E R E Đ S R L T K
O V P T G Đ Š C E L E T H D L M
J C S F J I T R D Y M Y E J H V
R S H G U R E P A I B B I W F O
T A R R V I R I Ž A K J L I Đ D
H K U Đ R N I P I L E T I N A A
```

PČELA	VRANA
GNOJIVO	KRAVA
MAGARAC	ZEMLJIŠTE
POLJE	POLJOPRIVREDA
SIJENO	KONJ
MED	RIŽA
PILETINA	SVINJA
PAS	VODA
TELE	OGRADA
MAČKA	KOZA

86 - Regierung

```
G O V O R G S H N O B M W V Y Z
D J V A G R A Đ A N S K I O O Y
A J I C A R K O M E D I E Đ N V
I V N N K B Y H M S S U T A R A
C L A O K R U G M B M P S P T D
I M D R R D R W W F O O T K P
R K O S P O M E N I K L N I A Y
Z R B T U S D L O B M I S O Z V
A Y O G D U M G L L D T I F D Z
K P L B K D O R A N U I V H L P
O P S I K S N C D N Đ K A A Y Z
N G R W J K R L F C W A Z I F Z
M A C A M I I O A R G A E E K V
G B P B V V M C M R U S N D C Y
Z N K A B D L Đ R A S P R A V A
D R Ž A V A A J E D N A K O S T
```

OKRUG	SUDSKI
DEMOKRACIJA	NAROD
SPOMENIK	POLITIKA
RASPRAVA	PRAVA
SLOBODA	GOVOR
MIRNO	DRŽAVA
VOĐA	SIMBOL
PRAVDA	NEZAVISNOST
ZAKON	USTAV
JEDNAKOST	GRAĐANSKI

87 - Berufe #1

```
S T C N Z Y K M H U P T W R P R
E M T U I L M N K P O V K A S V
L N N Z C A A G E O L O G Č I D
K K R E N E R T E Đ R U G U H L
M L L V R A K N A B H R S N O P
D K N K L T I L T R V E W O L L
G L A Z B E N I K W E D C V O E
D I U M J E T N I K T N H O G S
L O V A C E E I T G E I A Đ B A
T O M R H N J M B S R K U A C Č
Č E U K M U V E E Y I V V U J I
A M B A S A D O R L N N I I D C
J N S M O N O R T S A H A T N A
O M E H A N I Č A R R Y L J D Z
R L I J E Č N I K A S D R H I N
K K A R T O G R A F B H N J V P
```

LIJEČNIK	UMJETNIK
ASTRONOM	MEHANIČAR
BANKAR	GLAZBENIK
AMBASADOR	PIJANIST
RAČUNOVOĐA	PSIHOLOG
UREDNIK	ODVJETNIK
GEOLOG	KROJAČ
LOVAC	PLESAČICA
ZLATAR	VETERINAR
KARTOGRAF	TRENER

88 - Adjektive #1

```
H G B P G C E N M A O W A M T Z
N Z O O L G T G B U G M T Đ I L
E D L H K C O P A L R F R A T T
A K T I V A N I R I O I A N I B
B O Z Đ O W O A I J M G K A R M
A R O M A T S K I E A F T Č O A
M O D E R A N Š O P N C I I P D
I S K R E N V E K B U A V T S F
O A P S O L U T A N U Y A N U B
U N Đ N A D E J I R V D N E E C
U M J E T N I Č K I M V I D A O
V R N Š Y A T Y B A O G V I Y M
L B W R I T A Y L V N W E W Y P
Đ R L V Z E M M N K Ž A N Đ Z T
P E G A D R D T K N A R T Z W R
A C T S C S B O V N V K O H E H
```

APSOLUTAN	USPORITI
AKTIVAN	MODERAN
AROMATSKI	SAVRŠEN
ATRAKTIVAN	OGROMAN
MRAK	LIJEP
TANAK	TEŠKA
ISKREN	DUBOKO
SRETAN	NEVIN
IDENTIČAN	VRIJEDAN
UMJETNIČKI	VAŽNO

89 - Geometrie

```
M M V W S V P O V R Š I N A V P
A J I Z N E M I D L P P V J O R
T R O K U T G C F O M A I D O
I E M W Y K L M K Y R R S U O P
E J O R B T J C E S G A I V R O
Y M K V A D R A T N T L N I A R
F O F W D U N A Y Đ T E A R V C
E R S A K I G O L A P L S K A I
R P B J I E N J T B Z N A K N J
T V F I K K Đ U H Ž R O M N U A
C S D R B L O V Č D Y S F M T T
W Y I T E O R I J A K U G A Y Y
W P N E K R U G Đ N R Đ W Y G Đ
U Y U M H T L C Z D U Z I M V V
U Z G I I V B Y O E O U I J O Đ
Đ J D S F M V M R J Đ P M I Đ B
```

PROPORCIJA
IZRAČUN
DIMENZIJA
TROKUT
PROMJER
JEDNADŽBA
VODORAVAN
VISINA
KRUG
KRIVULJA

LOGIKA
MASA
BROJ
POVRŠINA
PARALELNO
KVADRAT
SEGMENT
SIMETRIJA
TEORIJA
KUT

90 - Jazz

```
E B E K P U L N S E Z A G Đ V K
T Đ R G A F Z Đ M Đ A I L Y Đ O
N V V L I T S G B Z O P A Z I N
D J N A A Z L P D R V Đ Z B M C
N L Y Z P O Z N A T I F B I P E
C E F B U M J E T N I K E N R R
J T V A G J W R C M K A N I O T
Đ A V S G U M N N Y W S I V V E
R D F E C O R F O J A E C I I U
A A S S T A R H E H N J I T Z I
T L N O O G P Đ N M E L E I A Y
S K B L L Đ R J G E Đ P C R C U
E S K U Y O E T E L N O V O I F
K Y I T M A T I R S L T I V J M
R N A Ž T A L E N T M U H A A L
O T E H N I K A N Y W A P F A W
```

ALBUM	PJESMA
STAR	GLAZBA
PLJESAK	GLAZBENICI
POZNATI	NOVO
FAVORITI	ORKESTAR
ŽANR	RITAM
IMPROVIZACIJA	SOLO
SKLADATELJ	STIL
KONCERT	TALENT
UMJETNIK	TEHNIKA

91 - Mathematik

```
F A Z Z W C B T J U R P P S T P
R R E J M O R P E M A L A O Đ F
A I V N H V G B D T D S R W W W
K T K N Y Z A P N Đ I L A C B J
C M V V T Z R F A D J G L G T T
I E O K A I L S D E U A E H O N
J T L H W D Y I Ž C S U L S V E
A I U D G Đ R L B I I B N R P N
L K M K Y J A A A M U S O P P O
N A E T J P J Y T A J A V P D P
T Đ N K U T O V I L R Z Đ T R S
U P O L I G O N Z A H F Đ C V K
K I N T U K O V A R P V S I N E
O K O M I C A J I R T E M O E G
R S I M E T R I J A B Y I T S G
T P A R A L E L O G R A M J A F
```

ARITMETIKA
FRAKCIJA
DECIMALA
TROKUT
PROMJER
EKSPONENT
GEOMETRIJA
JEDNADŽBA
PARALELNO
PARALELOGRAM

POLIGON
KVADRAT
RADIJUS
PRAVOKUTNIK
OKOMICA
SUMA
SIMETRIJA
OPSEG
VOLUMEN
KUTOVI

92 - Messungen

```
T V A Z T F U F R B F U O O J E
E O U F M O A E A R C F O P T L
Ž L S L E Č N I T R N L B N R U
I U M C H I H A S A M T B W Z F
N M C I R O V L S T Z R K S J M
A E F I T A R A T E M I T N E C
Y N N F A N N M D M Đ M S P W Y
I F Đ A N I R I Š O G E A Z I S
G R F C V B V C S L N T W R W S
C T V N T U S E A I V A M F G T
A C Đ U H D W D T K V R I U B U
K I L O G R A M B A J T N U E P
S A G C U S R V V F O R U W U A
Y U K H U I T O G Y Y Y T C U N
H S P E G I I R D W Đ M A Y S J
C W I S Đ S L K K D U Ž I N A W
```

ŠIRINA
BAJT
DECIMALA
TEŽINA
STUPANJ
GRAM
VISINA
KILOGRAM
KILOMETAR
DUŽINA

LITRA
MASA
METAR
MINUTA
DUBINA
TONA
UNCA
VOLUMEN
CENTIMETAR
INČ

93 - Boxen

```
W P P I M T L T B R I J A Z T K
B L W F H C F Đ R U A K O G I O
L R O S U Y F B S K P I I O J J
F I A K A Š A R M A R E P C E T
R S N D R L T B P V M Đ F H L O
A H I O A M J S V I U N H B O Z
L P T U A R G F C A D U S H L
I Đ Š D A Ž U F V E Đ C E B I J
R Z E A E S A U O B G A F S Z E
K C J R K I N V I T O R P T S D
L D V A Č Z K A V A R O P O O E
C F A C O L V M G K I B U G K L
W M D P T H W O V A U A V A O A
U M J D U B C Z N L H S A Đ A U
E L T G K B R Z N O V N Y F P D
I S C R P L J E N P N W Đ B L J
```

KUT

LAKAT

ISCRPLJEN

ŠAKA

VJEŠTINA

PROTIVNIK

ZVONO

RUKAVICE

BORAC

UDARAC

BRADA

TIJELO

TOČKE

OPORAVAK

SUDAC

BRZ

UŽAD

SNAGA

OZLJEDE

94 - Psychologie

```
Z D K W W E C P L T D Đ Y O S N
Y P J G B E A W M P M L Z M P D
O E O E U F L A V V Đ D J M O E
A R S J T M I S L I V O N S Z B
O C O E R I J A C E J T U P N A
S E B D K A N E J C O R P R A P
J P N I S L H J S U K O B O J O
E C O V J F I O S E G O S B A N
Ć I S M E A C N Z T U R T L J A
A J T F Ć I E S I M V F V E I Š
J A P V A I V E I Č U O A M P A
R T Đ U N T M J S I K N R A A N
Y P W P J E P V K A G I N R R J
K Đ I S A K F S B W T I O M E E
H R G L Z S Đ E O D B G S L T R
F Z L Y N Y I N I B F Z T B Y L
```

PROCJENA
NESVJESNO
EGO
UTJECAJI
SJEĆANJA
MISLI
IDEJE
DJETINJSTVO
KLINIČKI
SPOZNAJA

SUKOB
OSOBNOST
PROBLEM
OSJEĆAJ
TERAPIJA
SNOVI
PONAŠANJE
PERCEPCIJA
STVARNOST

95 - Bauernhof #2

```
R  I  P  D  H  H  U  H  L  K  F  R  O  D  T  Z
J  Z  H  V  V  V  N  Z  A  U  I  I  W  U  R  T
Đ  S  T  A  J  A  P  H  M  K  T  E  I  P  A  C
R  L  S  J  E  Č  A  M  E  U  F  W  I  C  K  N
Đ  U  H  A  K  L  C  B  Z  R  O  K  L  U  T  O
A  J  C  Z  W  P  Y  G  Đ  U  T  O  O  Đ  O  A
M  L  I  J  E  K  O  V  E  Z  E  L  V  N  R  A
P  B  O  R  M  T  Z  A  S  L  E  E  O  C  P  O
P  Š  E  N  I  C  A  K  V  I  H  R  T  I  E  B
C  H  Ć  N  N  T  J  N  O  V  O  Z  C  Z  U  V
B  F  R  A  N  A  S  K  Ć  A  C  I  N  Š  O  K
N  O  V  Y  F  M  T  A  E  D  F  G  Đ  F  N  D
K  J  O  U  C  D  D  K  P  A  F  A  H  Đ  S  Y
J  P  P  E  J  N  I  T  O  V  I  Ž  Y  H  Z  H
V  O  Ć  N  J  A  K  A  N  I  T  E  J  N  A  J
N  I  N  A  L  H  V  P  C  B  F  E  L  L  E  K
```

KOŠNICA	VOĆNJAK
PATKA	ZRELO
VOĆE	OVCE
POVRĆE	PASTIR
JEČAM	STAJA
LAME	ŽIVOTINJE
JANJETINA	TRAKTOR
KUKURUZ	PŠENICA
MLIJEKO	LIVADA

96 - Gartenarbeit

```
Y P J C V I O Y L D J P F S W K
L R W E T D M R V A G F E P B O
E L C B S Đ W Y V O E Z S N Y N
O J K Z I T L I Š Ć E W J I M T
E A G A L V I P C T S O E V Z E
O V E J I R C V W V L R M E J J
H Š O P U L Z T O A Z O E G V N
B T E J I V C P T B A R N Z R E
C I Z D T M J T E P Y K O S R
A N S E Z O N S K I D N E T T G
M A K L I M A V U A Y H Z I A H
K O M P O S T D B D J J H Č N D
S D Đ R U T C C C O R N J N K C
H Y P M Đ P U Đ B V E D Ć O L B
L U V U P Đ I K Č I N A T O B J
R K U V K L Đ I H P V Đ T I V A
```

VRSTA	KOMPOST
LIST	LIŠĆE
CVIJET	VOĆNJAK
TLO	SJEMENKE
BOTANIČKI	SEZONSKI
KONTEJNER	CRIJEVO
JESTIVO	PRLJAVŠTINA
EGZOTIČNO	BUKET
VLAGA	VODA
KLIMA	

97 - Berufe #2

```
I  Z  U  M  I  T  E  L  J  U  I  Đ  I  R  M  A
W  Y  D  M  V  I  M  K  I  N  Č  E  J  I  L  E
H  Z  V  C  A  V  O  L  S  O  K  I  Z  E  J  S
B  M  K  Đ  A  F  V  R  T  L  A  R  T  L  G  D
R  Đ  C  K  U  N  I  L  B  L  T  A  F  E  O  Y
K  I  R  U  R  G  O  S  Z  E  R  K  H  U  L  B
O  C  U  R  N  I  R  V  T  O  L  I  P  E  O  J
F  O  T  O  G  R  A  F  I  R  R  L  C  T  O  V
O  D  U  T  O  E  Č  I  H  N  A  S  N  C  Z  J
Z  E  A  A  L  J  I  H  F  G  A  Ž  K  I  L  L
O  T  N  R  O  N  N  G  G  U  R  R  I  I  U  R
L  E  O  T  I  E  Ž  H  Z  T  E  O  P  V  Z  C
I  K  R  S  B  Ž  I  H  U  R  O  R  R  N  A  F
F  T  T  U  P  N  J  P  B  Z  C  C  B  W  H  Č
U  I  S  L  U  I  N  G  A  Y  F  N  I  R  Z  P
D  V  A  I  R  S  K  K  R  D  B  C  I  L  Y  O
```

LIJEČNIK	ILUSTRATOR
ASTRONAUT	INŽENJER
KNJIŽNIČAR	NOVINAR
BIOLOG	UČITELJ
KIRURG	JEZIKOSLOVAC
DETEKTIV	SLIKAR
IZUMITELJ	FILOZOF
ISTRAŽIVAČ	PILOT
FOTOGRAF	ZUBAR
VRTLAR	ZOOLOG

98 - Wetter

```
H H L A A P F I K S P O R T N Y
A P A H I T O H K U Y E D M G A
N I V A D G O L M H S U Š A J T
G Z M U O G D H A O M A G L A M
S D I F G D A K J R A T E J V O
M U R A G A N S U M N M U E K S
U U G W O P R E L U G I F R A F
M K N U S N O M O Đ B P G F K E
D E L J C E T V Y Z M P W Z W R
U V C C A F C T J S D Y N U K A
G O J A R U T A R E P M E T Y M
A I Đ D U G F I D D T G B S Đ I
A K A S L S U C R C B A O S E L
O B L A K Y G C P H G U R R E K
C C F L M A H B V N R W T A N D
F N U E G R M L J A V I N A C G
```

ATMOSFERA
MUNJA
POVJETARAC
GRMLJAVINA
SUŠA
LED
NEBO
URAGAN
KLIMA
MONSUN

MAGLA
POLARNI
DUGA
OLUJA
TEMPERATURA
TORNADO
SUHO
TROPSKI
VJETAR
OBLAK

99 - Chemie

```
P  A  M  D  O  K  R  J  G  E  J  I  D  B  M  R
I  L  H  C  R  I  E  W  T  O  F  G  H  M  A  E
K  Đ  I  I  G  S  A  H  A  L  U  K  E  L  O  M
C  J  Đ  N  A  E  K  C  U  G  C  V  L  Z  O  L
Z  W  B  N  N  L  C  H  V  I  W  Y  E  O  H  N
W  Y  Y  U  S  I  I  E  N  Z  I  M  K  F  M  V
P  Z  M  G  K  N  J  O  V  G  J  D  T  E  W  D
S  N  C  D  I  A  A  W  D  O  T  U  R  N  M  Đ
O  M  E  T  A  L  I  W  I  B  K  G  O  O  Y  Đ
L  U  I  N  R  A  E  L  K  U  N  L  N  C  V  C
L  C  H  O  T  O  P  L  I  N  A  J  R  M  S  A
V  Z  E  A  N  I  Ž  E  T  R  K  I  K  G  L  M
T  E  M  P  E  R  A  T  U  R  A  K  I  O  K  S
B  G  T  E  K  U  Ć  I  N  A  I  H  S  J  H  N
K  L  O  R  V  O  D  I  K  K  N  W  I  G  L  C
K  A  T  A  L  I  Z  A  T  O  R  D  K  Z  U  D
```

KLOR
ELEKTRON
ENZIM
TEKUĆINA
PLIN
TEŽINA
TOPLINA
ION
KATALIZATOR
UGLJIK

METALI
MOLEKULA
NUKLEARNI
ORGANSKI
REAKCIJA
SOL
KISIK
KISELINA
TEMPERATURA
VODIK

1 - Gesundheit und Wellness #2

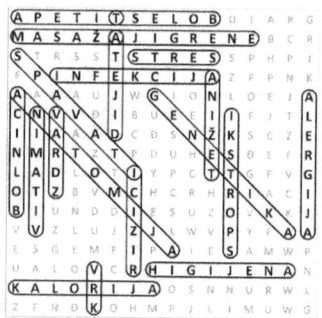

2 - Ozean

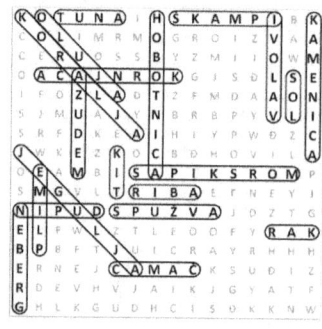

3 - Krankheit

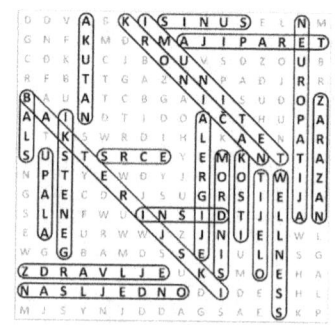

4 - Meditation

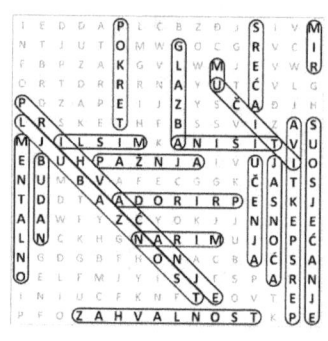

5 - Insekten

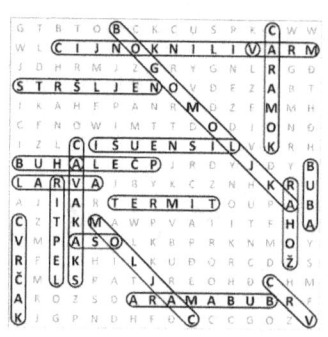

6 - Gesundheit und Wellness #1

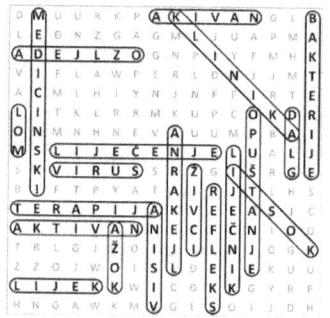

7 - Obst

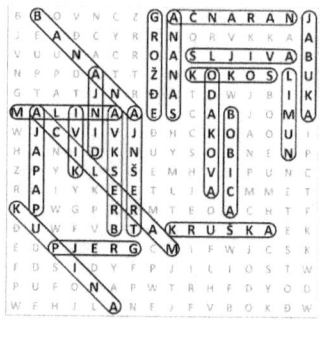

8 - Einwanderung

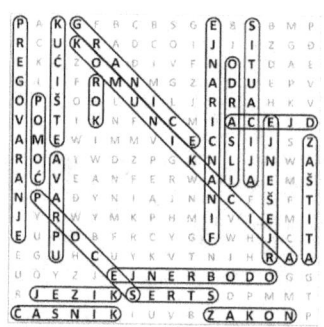

9 - Universum

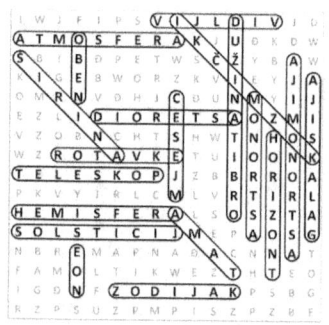

10 - Camping

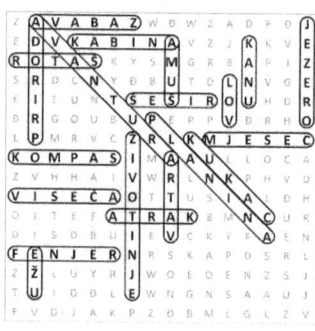

11 - Zeit

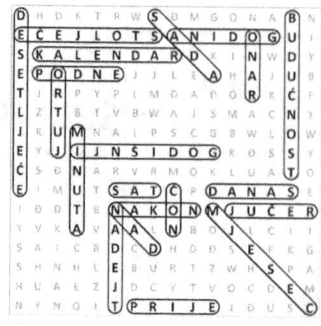

12 - Säugetiere

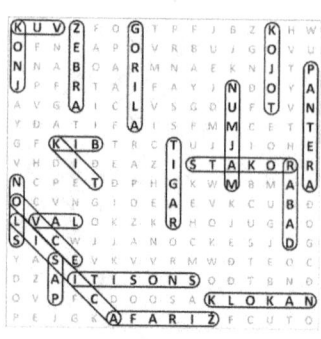

13 - Algebra

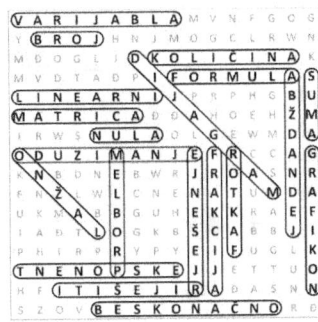

14 - Diplomatie

15 - Astronomie

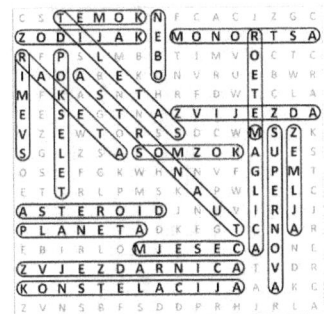

16 - Ballett

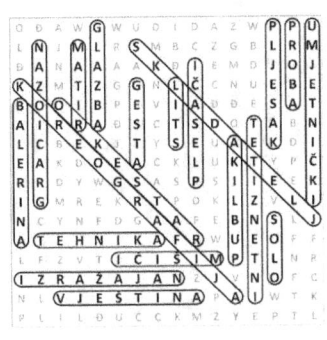

17 - Geologie

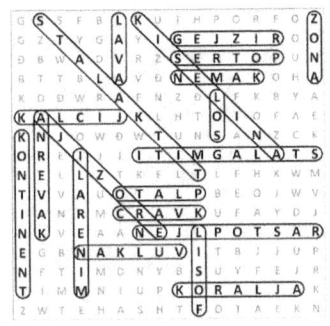

18 - Wissenschaft

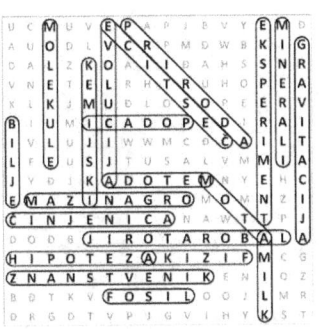

19 - Sport

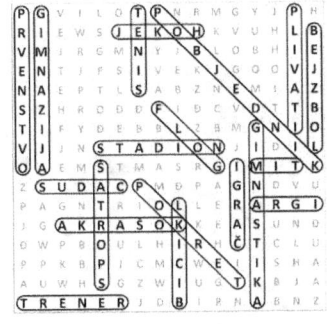

20 - Mythologie

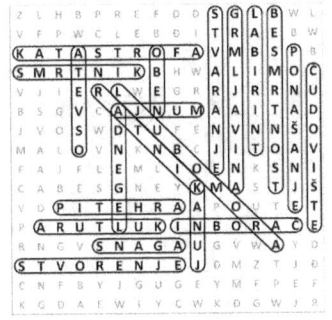

21 - Restaurant #2

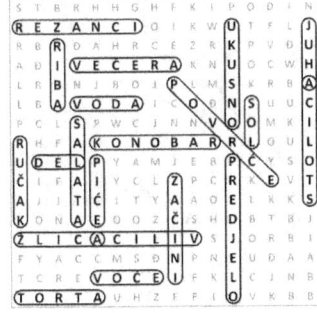

22 - Ökologie

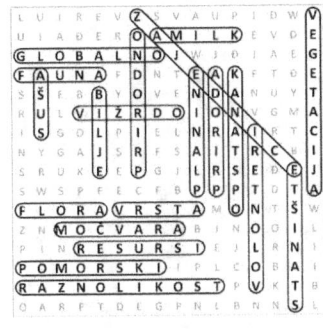

23 - Schokolade

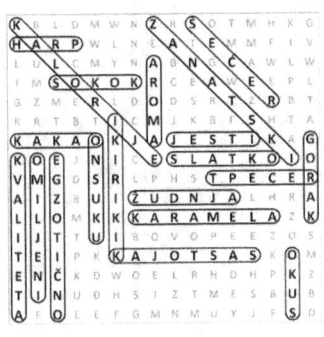

24 - Boote

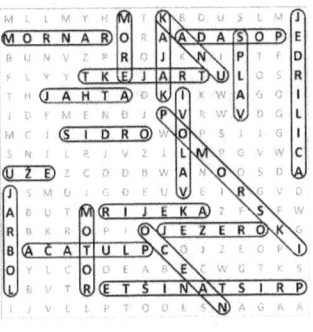

25 - Stadt

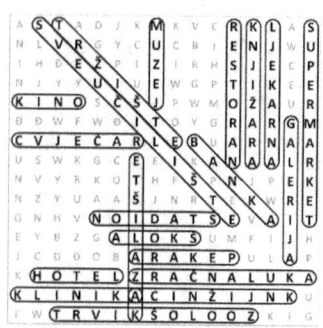

26 - Aktivitäten

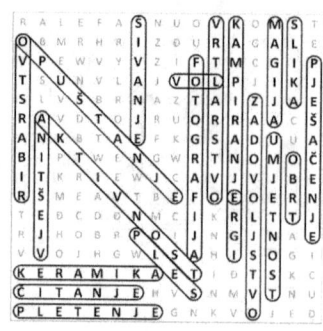

27 - Bienen

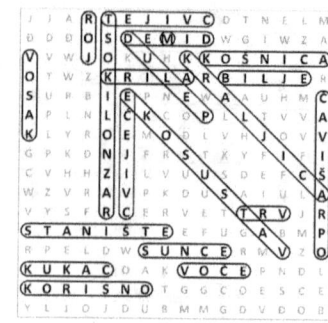

28 - Wissenschaftliche

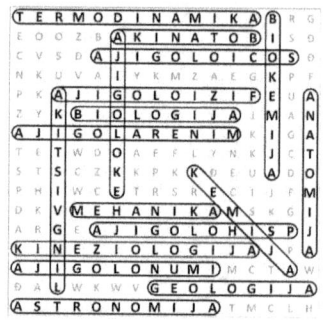

29 - Vögel

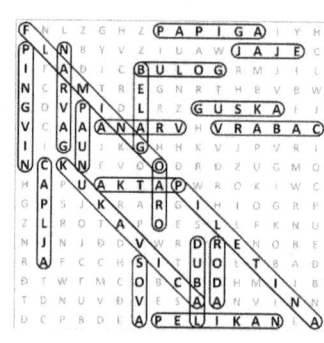

30 - Biologie

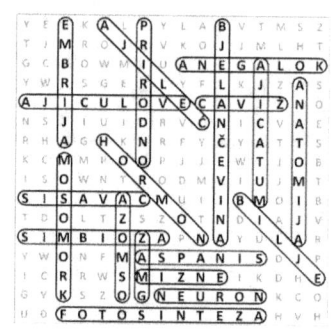

31 - Elektrizität

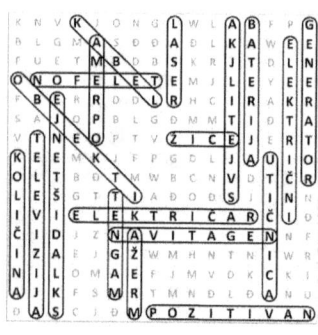

32 - Garten

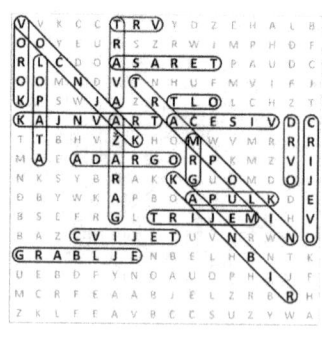

33 - Antarktis

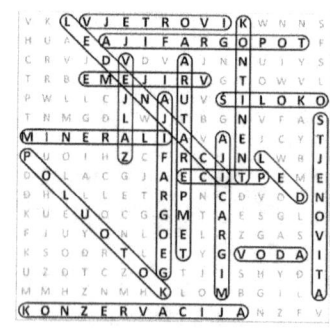

34 - Fahren

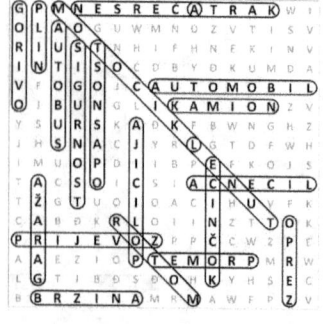

35 - Physik

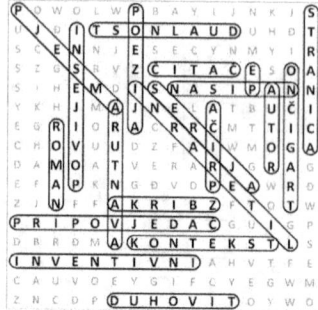

36 - Bücher

37 - Menschlicher Körper

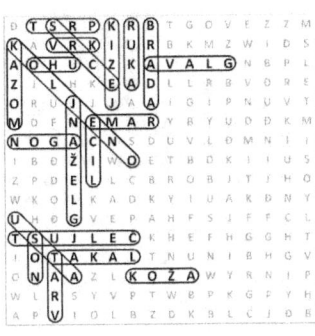

38 - Agronomie

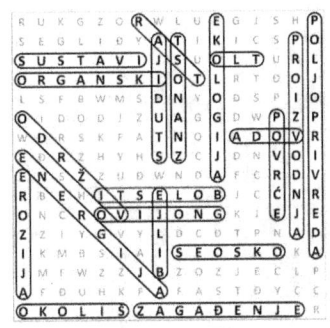

39 - Landschaften

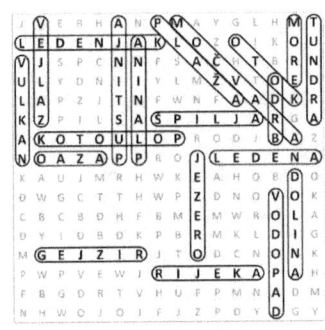

40 - Abenteuer

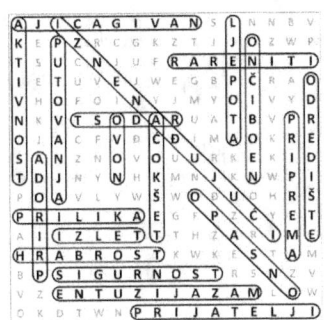

41 - Flugzeuge

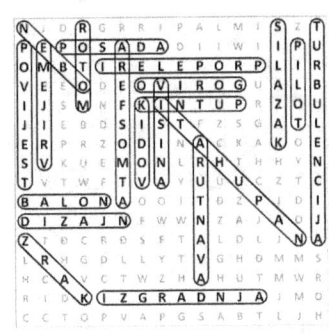

42 - Haartypen

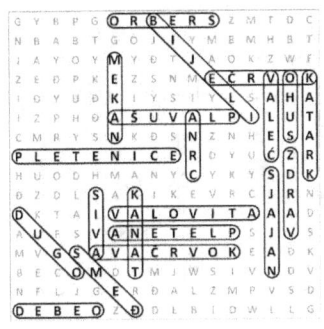

43 - Essen #1

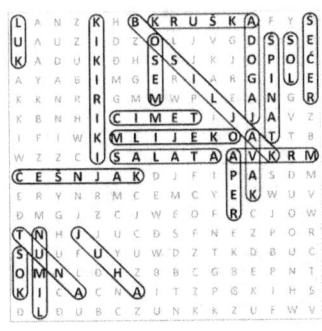

44 - Gebäude

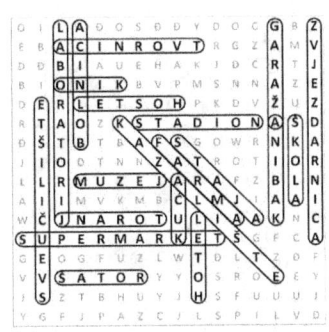

45 - Angeln

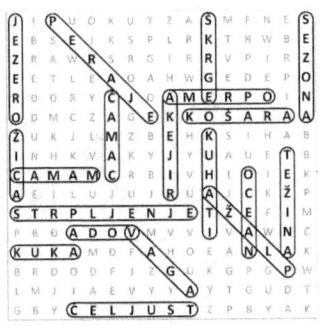

46 - Essen #2

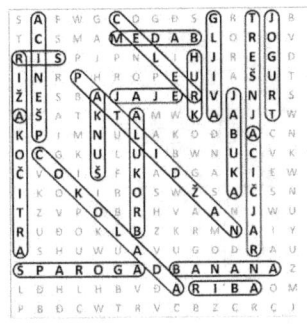

47 - Energie

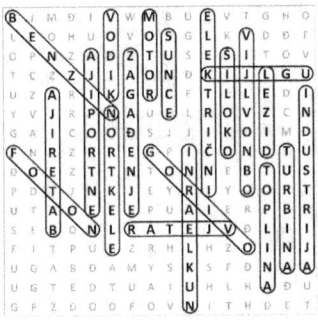

48 - Familie

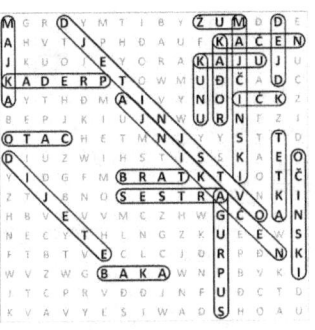

49 - Pflanzen

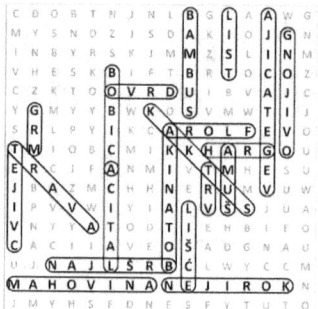

50 - Gewürze

51 - Kreativität

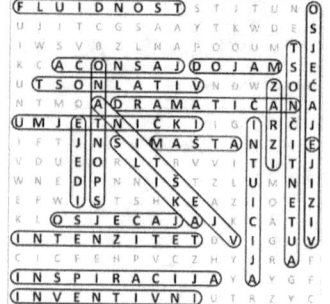

52 - Geschäft

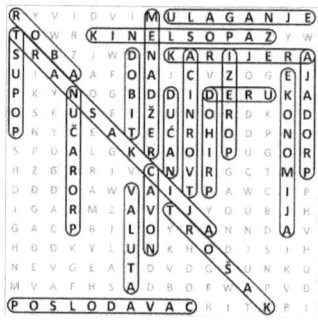

53 - Ingenieurwesen

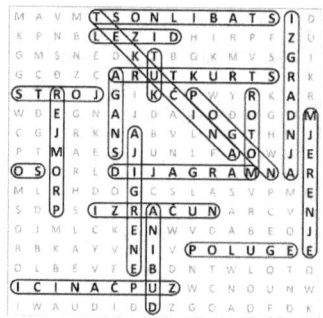

54 - Kaffee

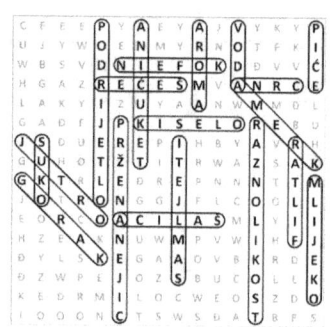

55 - Gemüse

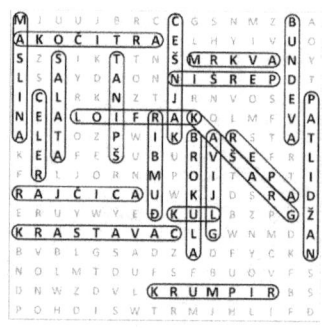

56 - Schönheit

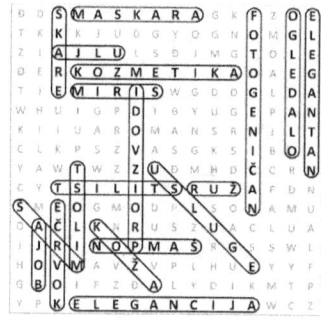

57 - Tanzen

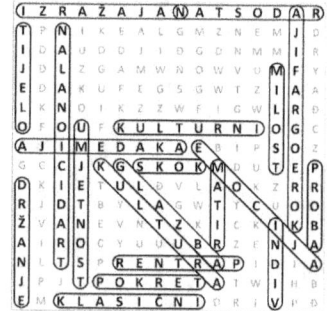

58 - Ernährung

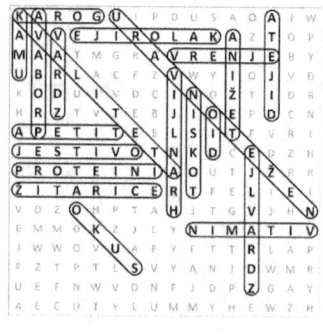

59 - Länder #1

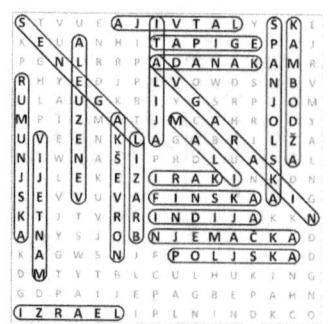

60 - Technologie

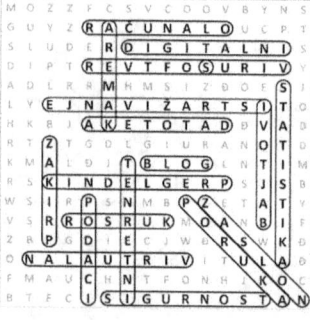

61 - Science Fiction

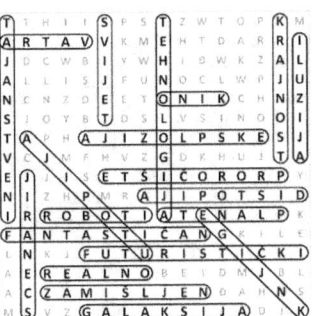

62 - Literatur

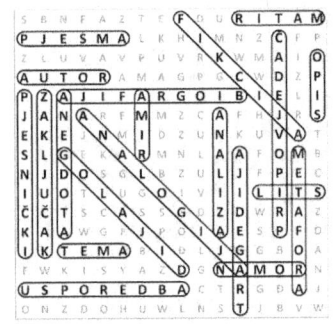

63 - Wandern

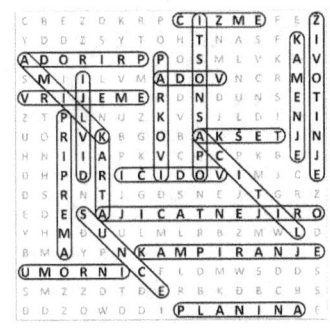

64 - Globale Erwärmung

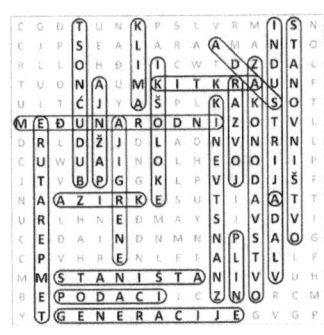

65 - Länder #2

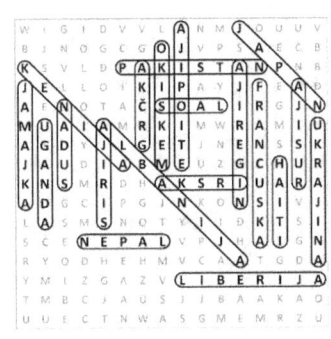

66 - Fahrzeuge

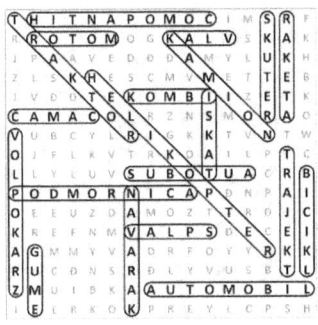

67 - Musikinstrumente

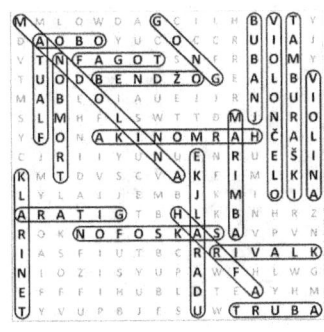

68 - Blumen

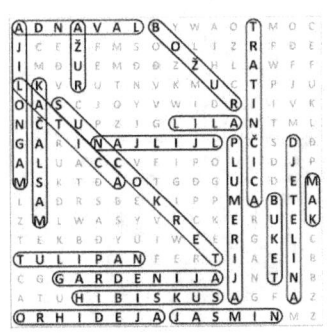

69 - Natur

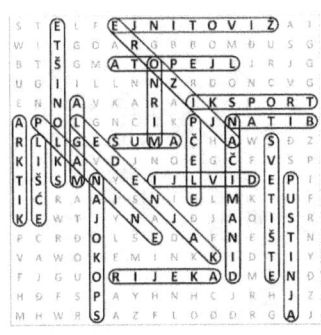

70 - Urlaub #2

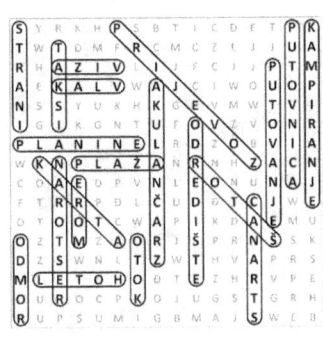

71 - Barbecues

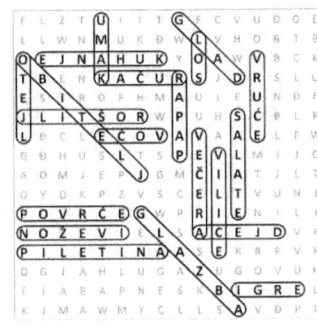

72 - Schach

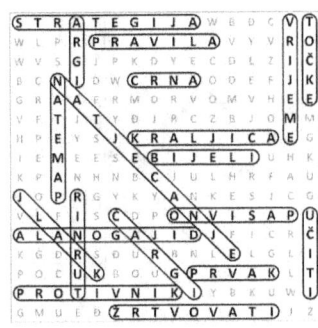

73 - Geographie

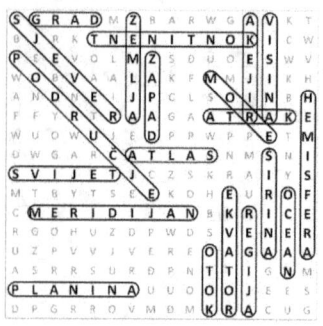

74 - Zahlen

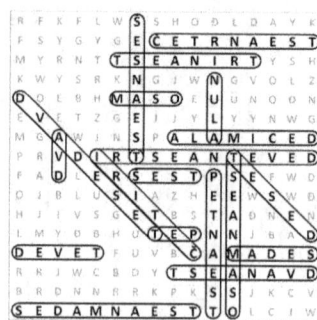

75 - Kunst Liefert

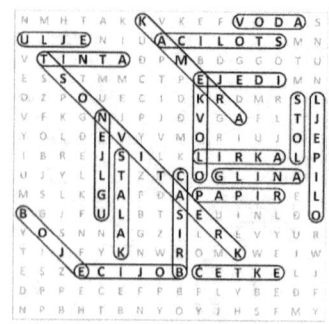

76 - Tage und Monate

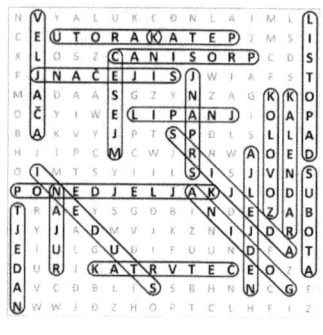

77 - Kräuterkunde

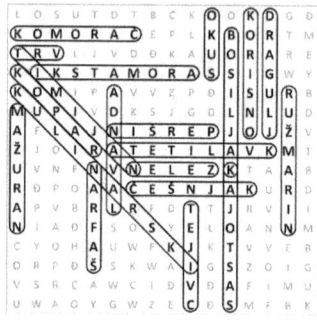

78 - Aktivitäten und Freizeit

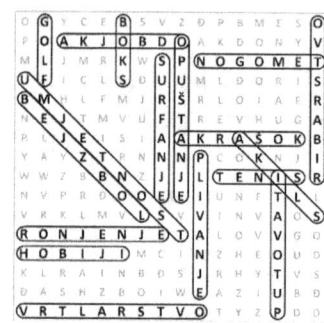

79 - Formen

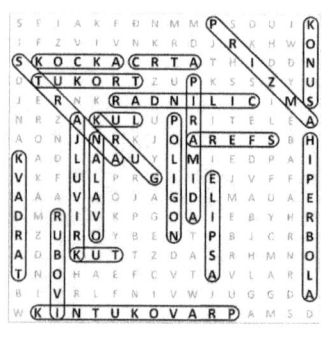

80 - Musik

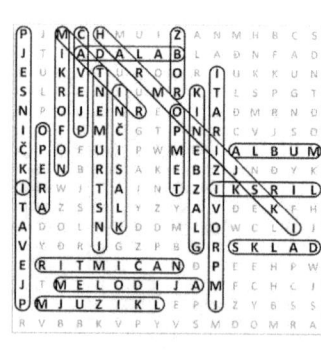

81 - Antiquitäten

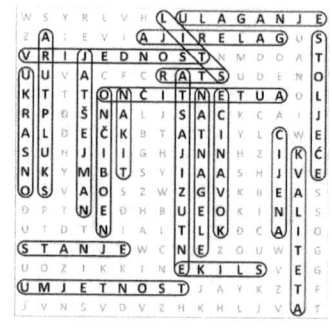

82 - Adjektive #2

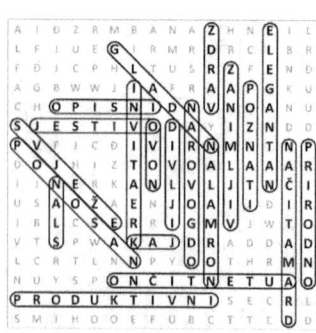

83 - Kleidung

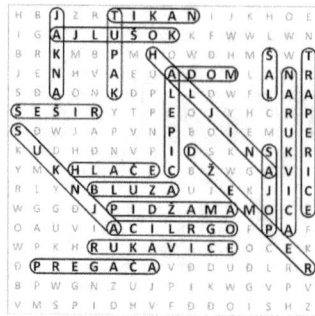

84 - Haus

85 - Bauernhof #1

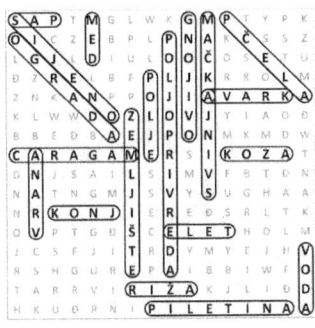

86 - Regierung

87 - Berufe #1

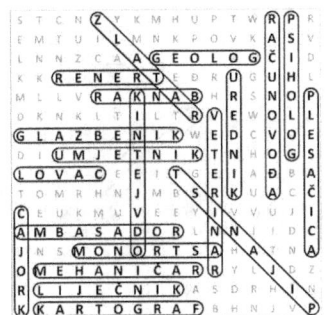

88 - Adjektive #1

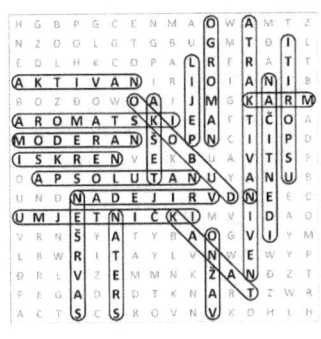

89 - Geometrie

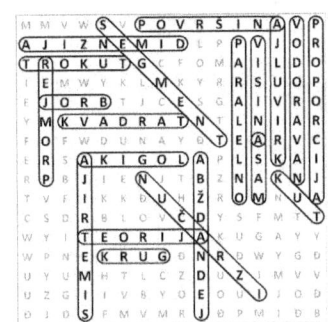

90 - Jazz

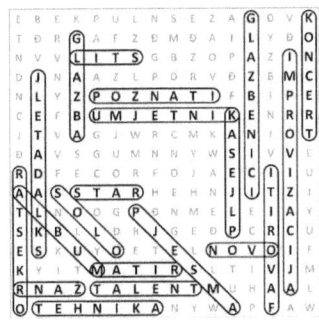

91 - Mathematik

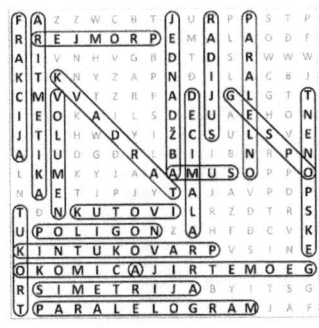

92 - Messungen

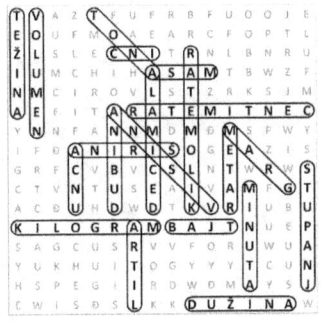

93 - Boxen

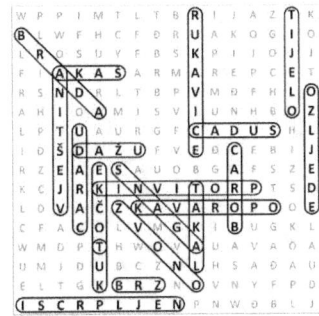

94 - Psychologie

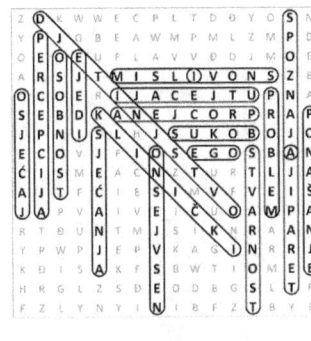

95 - Bauernhof #2

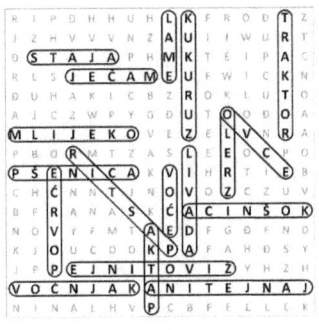

96 - Gartenarbeit

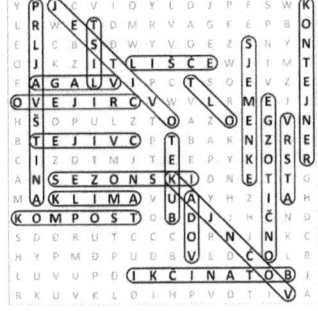

97 - Berufe #2

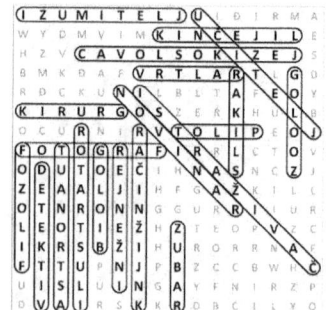

98 - Wetter

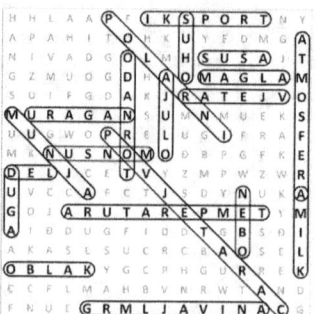

99 - Chemie

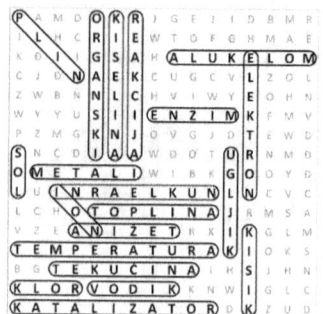

Wörterbuch

Abenteuer
Avantura

Aktivität	Aktivnost
Ausflug	Izlet
Begeisterung	Entuzijazam
Chance	Prilika
Freude	Radost
Freunde	Prijatelji
Gefährlich	Opasno
Natur	Priroda
Navigation	Navigacija
Neu	Novo
Reisen	Putovanja
Route	Itinerar
Schönheit	Ljepota
Schwierigkeit	Teškoća
Sicherheit	Sigurnost
Tapferkeit	Hrabrost
Ungewöhnlich	Neobično
Überraschend	Iznenađujući
Vorbereitung	Priprema
Ziel	Odredište

Adjektive #1
Pridjevi № 1

Absolut	Apsolutan
Aktiv	Aktivan
Aromatisch	Aromatski
Attraktiv	Atraktivan
Dunkel	Mrak
Dünn	Tanak
Ehrlich	Iskren
Glücklich	Sretan
Identisch	Identičan
Künstlerisch	Umjetnički
Langsam	Usporiti
Modern	Moderan
Perfekt	Savršen
Riesig	Ogroman
Schön	Lijep
Schwer	Teška
Tief	Duboko
Unschuldig	Nevin
Wertvoll	Vrijedan
Wichtig	Važno

Adjektive #2
Pridjevi № 2

Authentisch	Autentično
Berühmt	Poznati
Beschreibend	Opisni
Dramatisch	Dramatičan
Elegant	Elegantan
Essbar	Jestivo
Frisch	Svježe
Gesund	Zdrav
Hungrig	Gladan
Interessant	Zanimljiv
Kreativ	Kreativni
Natürlich	Prirodno
Neu	Novo
Normal	Normalan
Produktiv	Produktivni
Salzig	Slan
Stark	Jak
Stolz	Ponosan
Verantwortlich	Odgovoran
Wild	Divlji

Agronomie
Agronomija

Boden	Tlo
Dünger	Gnojivo
Energie	Energija
Erosion	Erozija
Gemüse	Povrće
Krankheit	Bolesti
Landwirtschaft	Poljoprivreda
Ländlich	Seosko
Nachhaltig	Održiv
Organisch	Organski
Ökologie	Ekologija
Pflanzen	Bilje
Produktion	Proizvodnja
Studie	Studija
Systeme	Sustavi
Umwelt	Okoliš
Verschmutzung	Zagađenje
Wachstum	Rast
Wasser	Voda
Wissenschaft	Znanost

Aktivitäten
Aktivnosti

Aktivität	Aktivnost
Angeln	Ribarstvo
Camping	Kampiranje
Entspannung	Opuštanje
Fähigkeit	Vještina
Fotografie	Fotografija
Gartenarbeit	Vrtlarstvo
Gemälde	Slika
Jagd	Lov
Keramik	Keramika
Kunst	Umjetnost
Kunsthandwerk	Obrt
Lesen	Čitanje
Magie	Magija
Nähen	Šivanje
Spiele	Igre
Stricken	Pletenje
Tanzen	Ples
Vergnügen	Zadovoljstvo
Wandern	Pješačenje

Aktivitäten und Freizeit
Zabava i Slobodno Vrijeme

Angeln	Ribarstvo
Baseball	Bejzbol
Basketball	Košarka
Boxen	Boks
Camping	Kampiranje
Entspannend	Opuštanje
Fussball	Nogomet
Gartenarbeit	Vrtlarstvo
Gemälde	Slika
Golf	Golf
Hobbies	Hobiji
Kunst	Umjetnost
Reise	Putovati
Schwimmen	Plivanje
Surfen	Surfanje
Tauchen	Ronjenje
Tennis	Tenis
Volleyball	Odbojka
Wandern	Pješačenje

Algebra
Algebra

Bruchteil	Frakcija
Diagramm	Dijagram
Exponent	Eksponent
Faktor	Faktor
Falsch	Lažno
Formel	Formula
Gleichung	Jednadžba
Graph	Grafikon
Linear	Linearni
Lösen	Riješiti
Lösung	Rješenje
Matrix	Matrica
Menge	Količina
Null	Nula
Nummer	Broj
Problem	Problem
Subtraktion	Oduzimanje
Summe	Suma
Unendlich	Beskonačno
Variable	Varijabla

Angeln
Ribarstvo

Ausrüstung	Oprema
Boot	Čamac
Draht	Žica
Flossen	Peraje
Fluss	Rijeka
Geduld	Strpljenje
Gewicht	Težina
Haken	Kuka
Jahreszeit	Sezona
Kiefer	Čeljust
Kiemen	Škrge
Kochen	Kuhati
Korb	Košara
Köder	Mamac
Ozean	Ocean
See	Jezero
Strand	Plaža
Übertreibung	Pretjerivanje
Waage	Vaga
Wasser	Voda

Antarktis
Antarktika

Bucht	Zaljev
Eis	Led
Erhaltung	Konzervacija
Expedition	Ekspedicija
Felsig	Stjenovita
Forscher	Istraživač
Geographie	Geografija
Gletscher	Ledenjaci
Halbinsel	Poluotok
Kontinent	Kontinent
Migration	Migracija
Mineralien	Minerali
Temperatur	Temperatura
Topographie	Topografija
Umwelt	Okoliš
Vögel	Ptice
Wasser	Voda
Wetter	Vrijeme
Wind	Vjetrovi
Wissenschaftlich	Znanstven

Antiquitäten
Antikviteti

Alt	Star
Authentisch	Autentično
Dekorativ	Ukrasno
Elegant	Elegantan
Enthusiast	Entuzijasta
Galerie	Galerija
Gemälde	Slike
Investition	Ulaganje
Jahrhundert	Stoljeće
Kunst	Umjetnost
Möbel	Namještaj
Münzen	Kovanice
Preis	Cijena
Qualität	Kvaliteta
Schmuck	Nakit
Skulptur	Skulptura
Stil	Stil
Ungewöhnlich	Neobično
Wert	Vrijednost
Zustand	Stanje

Astronomie
Astronomija

Asteroid	Asteroid
Astronaut	Astronaut
Astronom	Astronom
Erde	Zemlja
Himmel	Nebo
Komet	Komet
Konstellation	Konstelacija
Kosmos	Kozmos
Meteor	Meteor
Mond	Mjesec
Nebel	Maglica
Observatorium	Zvjezdarnica
Planet	Planeta
Rakete	Raketa
Satellit	Satelit
Stern	Zvijezda
Supernova	Supernova
Teleskop	Teleskop
Tierkreis	Zodijak
Universum	Svemir

Ballett
Balet

Anmutig	Graciozan
Applaus	Pljesak
Ausdrucksvoll	Izražajan
Ballerina	Balerina
Choreographie	Koreografija
Fähigkeit	Vještina
Geste	Gesta
Intensität	Intenzitet
Komponist	Skladatelj
Künstlerisch	Umjetnički
Musik	Glazba
Muskel	Mišići
Orchester	Orkestar
Probe	Proba
Publikum	Publika
Rhythmus	Ritam
Solo	Solo
Stil	Stil
Tänzer	Plesači
Technik	Tehnika

Barbecues
Roštilji

Abendessen	Večera
Familie	Obitelj
Frucht	Voće
Gabeln	Vilice
Gemüse	Povrće
Grill	Roštilj
Heiss	Vruće
Huhn	Piletina
Hunger	Glad
Kinder	Djeca
Kochen	Kuhanje
Messer	Noževi
Mittagessen	Ručak
Musik	Glazba
Pfeffer	Papar
Salate	Salate
Salz	Sol
Sommer	Ljeto
Sosse	Umak
Spiele	Igre

Bauernhof #1
Farma Broj 1

Biene	Pčela
Dünger	Gnojivo
Esel	Magarac
Feld	Polje
Heu	Sijeno
Honig	Med
Huhn	Piletina
Hund	Pas
Kalb	Tele
Katze	Mačka
Krähe	Vrana
Kuh	Krava
Land	Zemljište
Landwirtschaft	Poljoprivreda
Pferd	Konj
Reis	Riža
Schwein	Svinja
Wasser	Voda
Zaun	Ograda
Ziege	Koza

Bauernhof #2
Farma № 2

Bewässerung	Navodnjavanje
Bienenstock	Košnica
Ente	Patka
Frucht	Voće
Gemüse	Povrće
Gerste	Ječam
Lama	Lame
Lamm	Janjetina
Mais	Kukuruz
Milch	Mlijeko
Obstgarten	Voćnjak
Reif	Zrelo
Schaf	Ovce
Schäfer	Pastir
Scheune	Staja
Tiere	Životinje
Traktor	Traktor
Weizen	Pšenica
Wiese	Livada
Windmühle	Vjetrenjača

Berufe #1
Zanimanja № 1

Arzt	Liječnik
Astronom	Astronom
Bankier	Bankar
Botschafter	Ambasador
Buchhalter	Računovođa
Editor	Urednik
Geologe	Geolog
Jäger	Lovac
Juwelier	Zlatar
Kartograph	Kartograf
Künstler	Umjetnik
Mechaniker	Mehaničar
Musiker	Glazbenik
Pianist	Pijanist
Psychologe	Psiholog
Rechtsanwalt	Odvjetnik
Schneider	Krojač
Tänzer	Plesačica
Tierarzt	Veterinar
Trainer	Trener

Berufe #2
Zanimanja № 2

Arzt	Liječnik
Astronaut	Astronaut
Bibliothekar	Knjižničar
Biologe	Biolog
Chirurg	Kirurg
Detektiv	Detektiv
Erfinder	Izumitelj
Forscher	Istraživač
Fotograf	Fotograf
Gärtner	Vrtlar
Illustrator	Ilustrator
Ingenieur	Inženjer
Journalist	Novinar
Lehrer	Učitelj
Linguist	Jezikoslovac
Maler	Slikar
Philosoph	Filozof
Pilot	Pilot
Zahnarzt	Zubar
Zoologe	Zoolog

Bienen
Pčele

Bestäuber	Oprašivač
Bienenkorb	Košnica
Blumen	Cvijeće
Blüte	Cvijet
Flügel	Krila
Frucht	Voće
Garten	Vrt
Honig	Med
Insekt	Kukac
Königin	Kraljica
Lebensraum	Stanište
Ökosystem	Ekosustav
Pflanzen	Bilje
Pollen	Pelud
Rauch	Dim
Schwarm	Roj
Sonne	Sunce
Vielfalt	Raznolikost
Vorteilhaft	Korisno
Wachs	Vosak

Biologie
Biologija

Anatomie	Anatomija
Chromosom	Kromosom
Embryo	Embrija
Enzym	Enzim
Evolution	Evolucija
Hormon	Hormon
Kollagen	Kolagena
Mutation	Mutacija
Natürlich	Prirodno
Nerv	Živac
Neuron	Neuron
Osmose	Osmoza
Pflanzen	Bilje
Photosynthese	Fotosinteza
Protein	Bjelančevina
Reptil	Gmaz
Säugetier	Sisavac
Symbiose	Simbioza
Synapse	Sinapsa
Zelle	Ćelija

Blumen
Cvijeće

Blütenblatt	Latica
Gardenie	Gardenija
Gänseblümchen	Tratinčica
Hibiskus	Hibiskus
Jasmin	Jasmin
Klee	Djetelina
Lavendel	Lavanda
Lila	Lila
Lilie	Ljiljan
Löwenzahn	Maslačak
Magnolie	Magnolija
Mohn	Mak
Orchidee	Orhideja
Pfingstrose	Božur
Plumeria	Plumerija
Rose	Ruža
Sonnenblume	Suncokret
Strauss	Buket
Tulpe	Tulipan

Boote
Brodovi

Anker	Sidro
Boje	Plutača
Crew	Posada
Dock	Pristanište
Fähre	Trajekt
Floss	Splav
Fluss	Rijeka
Kajak	Kajak
Kanu	Kanu
Mast	Jarbol
Meer	More
Motor	Motor
Nautisch	Pomorski
Ozean	Ocean
See	Jezero
Seemann	Mornar
Segelboot	Jedrilica
Seil	Uže
Wellen	Valovi
Yacht	Jahta

Boxen
Boks

Ecke	Kut
Ellbogen	Lakat
Erschöpft	Iscrpljen
Faust	Šaka
Fähigkeit	Vještina
Gegner	Protivnik
Glocke	Zvono
Handschuhe	Rukavice
Kämpfer	Borac
Kick	Udarac
Kinn	Brada
Körper	Tijelo
Punkte	Točke
Recovery	Oporavak
Schiedsrichter	Sudac
Schnell	Brz
Seile	Užad
Stärke	Snaga
Verletzungen	Ozljede

Bücher
Knjige

Abenteuer	Avantura
Autor	Autor
Dualität	Dualnost
Episch	Ep
Erfinderisch	Inventivni
Erzähler	Pripovjedač
Gedicht	Pjesma
Geschichte	Priča
Geschrieben	Napisan
Historisch	Povijesni
Humorvoll	Duhovit
Kollektion	Zbirka
Kontext	Kontekst
Leser	Čitač
Literarisch	Literarni
Poesie	Poezija
Roman	Roman
Seite	Stranica
Serie	Serija
Tragisch	Tragično

Camping
Kampiranje

Abenteuer	Avantura
Berg	Planina
Feuer	Vatra
Hängematte	Viseća
Hut	Šešir
Insekt	Kukac
Jagd	Lov
Kabine	Kabina
Kanu	Kanu
Karte	Karta
Kompass	Kompas
Laterne	Fenjer
Mond	Mjesec
Natur	Priroda
See	Jezero
Seil	Uže
Spass	Zabava
Tiere	Životinje
Wald	Šuma
Zelt	Šator

Chemie
Kemija

Chlor	Klor
Elektron	Elektron
Enzym	Enzim
Flüssigkeit	Tekućina
Gas	Plin
Gewicht	Težina
Hitze	Toplina
Ion	Ion
Katalysator	Katalizator
Kohlenstoff	Ugljik
Metalle	Metali
Molekül	Molekula
Nuklear	Nuklearni
Organisch	Organski
Reaktion	Reakcija
Salz	Sol
Sauerstoff	Kisik
Säure	Kiselina
Temperatur	Temperatura
Wasserstoff	Vodik

Diplomatie
Diplomacija

Auflösung	Odluka
Ausländisch	Strani
Berater	Savjetnik
Botschafter	Ambasador
Bürger	Građani
Diplomatisch	Diplomatski
Diskussion	Rasprava
Ethik	Etika
Gemeinschaft	Zajednica
Gerechtigkeit	Pravda
Humanitär	Humanitarni
Integrität	Integritet
Konflikt	Sukob
Lösung	Rješenje
Politik	Politika
Regierung	Vlada
Sicherheit	Sigurnost
Sprachen	Jezici
Vertrag	Ugovor
Zusammenarbeit	Suradnja

Einwanderung
Imigracija

Erwachsene	Odrasli
Finanzierung	Financiranje
Frist	Rok
Gehäuse	Kućište
Genehmigung	Odobrenje
Gesetz	Zakon
Grenzen	Granice
Hilfe	Pomoć
Kinder	Djeca
Kommunikation	Komunikacija
Lösung	Rješenje
Offizier	Časnik
Prozess	Proces
Schutz	Zaštita
Situation	Situacija
Sprache	Jezik
Stress	Stres
Verhandlung	Pregovaranje
Verwaltung	Uprava

Elektrizität
Struja

Ausrüstung	Oprema
Batterie	Baterija
Drähte	Žice
Elektriker	Električar
Elektrisch	Električni
Fernsehen	Televizija
Generator	Generator
Kabel	Kabel
Lagerung	Skladištenje
Lampe	Svjetiljka
Laser	Laser
Magnet	Magnet
Menge	Količina
Negativ	Negativan
Netzwerk	Mreža
Objekte	Objekti
Positiv	Pozitivan
Steckdose	Utičnica
Telefon	Telefon

Energie
Energija

Batterie	Baterija
Benzin	Benzin
Brennstoff	Gorivo
Diesel	Dizel
Elektrisch	Električni
Elektron	Elektron
Entropie	Entropija
Erneuerbar	Obnovljiv
Hitze	Toplina
Industrie	Industrija
Kohlenstoff	Ugljik
Motor	Motor
Nuklear	Nuklearni
Photon	Foton
Sonne	Sunce
Turbine	Turbina
Umwelt	Okoliš
Verschmutzung	Zagađenje
Wasserstoff	Vodik
Wind	Vjetar

Ernährung
Prehrana

Appetit	Apetit
Ausgewogen	Uravnotežen
Bitter	Gorak
Diät	Dijeta
Essbar	Jestivo
Fermentation	Vrenje
Geschmack	Okus
Gesund	Zdrav
Gesundheit	Zdravlje
Getreide	Žitarice
Gewicht	Težina
Kalorien	Kalorije
Nährstoff	Hranljiv
Portion	Dio
Proteine	Proteini
Qualität	Kvaliteta
Sosse	Umak
Toxin	Toksin
Verdauung	Probava
Vitamin	Vitamin

Essen #1
Hrana # 1

Basilikum	Bosiljak
Birne	Kruška
Erdbeere	Jagoda
Erdnuss	Kikiriki
Fleisch	Meso
Kaffee	Kava
Karotte	Mrkva
Knoblauch	Češnjak
Milch	Mlijeko
Rübe	Repa
Saft	Sok
Salat	Salata
Salz	Sol
Spinat	Špinat
Suppe	Juha
Thunfisch	Tuna
Zimt	Cimet
Zitrone	Limun
Zucker	Šećer
Zwiebel	Luk

Essen #2
Hrana # 2

Apfel	Jabuka
Artischocke	Artičoka
Aubergine	Patlidžan
Banane	Banana
Brokkoli	Brokula
Brot	Kruh
Ei	Jaje
Fisch	Riba
Joghurt	Jogurt
Käse	Sir
Kirsche	Trešnja
Mandel	Badem
Pilz	Gljiva
Reis	Riža
Schinken	Šunka
Schokolade	Čokolada
Sellerie	Celer
Spargel	Šparoga
Tomate	Rajčica
Weizen	Pšenica

Fahren
Vožnja

Auto	Automobil
Bremsen	Kočnice
Brennstoff	Gorivo
Bus	Autobus
Garage	Garaža
Gas	Plin
Gefahr	Opasnost
Geschwindigkeit	Brzina
Karte	Karta
Lizenz	Licenca
Lkw	Kamion
Motor	Motor
Motorrad	Motocikl
Polizei	Policija
Sicherheit	Sigurnost
Transport	Prijevoz
Tunnel	Tunel
Unfall	Nesreća
Verkehr	Promet
Vorsicht	Oprez

Fahrzeuge
Vozila

Auto	Automobil
Boot	Čamac
Bus	Autobus
Fahrrad	Bicikl
Fähre	Trajekt
Floss	Splav
Flugzeug	Zrakoplov
Hubschrauber	Helikopter
Krankenwagen	Hitna Pomoć
Lkw	Kamion
Motor	Motor
Rakete	Raketa
Reifen	Gume
Roller	Skuter
Taxi	Taksi
Traktor	Traktor
U-Boot	Podmornica
Van	Kombi
Wohnwagen	Karavan
Zug	Vlak

Familie
Obitelj

Bruder	Brat
Ehefrau	Supruga
Ehemann	Muž
Enkel	Unuk
Grossmutter	Baka
Grossvater	Djed
Kind	Dijete
Kindheit	Djetinjstvo
Mutter	Majka
Mütterlich	Majčinski
Neffe	Nećak
Nichte	Nećakinja
Onkel	Ujak
Schwester	Sestra
Tante	Tetka
Tochter	Kći
Vater	Otac
Väterlich	Očinski
Vetter	Rođak
Vorfahr	Predak

Flugzeuge
Zrakoplovi

Abenteuer	Avantura
Abstieg	Silazak
Atmosphäre	Atmosfera
Aufblasen	Napuhati
Ballon	Balon
Brennstoff	Gorivo
Crew	Posada
Design	Dizajn
Geschichte	Povijest
Himmel	Nebo
Höhe	Visina
Konstruktion	Izgradnja
Luft	Zrak
Motor	Motor
Passagier	Putnik
Pilot	Pilot
Propeller	Propeleri
Turbulenz	Turbulencija
Wasserstoff	Vodik
Wetter	Vrijeme

Formen
Obrasci

Bogen	Luk
Dreieck	Trokut
Ecke	Kut
Ellipse	Elipsa
Hyperbel	Hiperbola
Kanten	Rubovi
Kegel	Konus
Kreis	Krug
Kugel	Sfera
Kurve	Krivulja
Linie	Crta
Oval	Ovalan
Polygon	Poligon
Prisma	Prizma
Pyramide	Piramida
Quadrat	Kvadrat
Rechteck	Pravokutnik
Seite	Strana
Würfel	Kocka
Zylinder	Cilindar

Garten
Vrt

Bank	Klupa
Baum	Drvo
Blume	Cvijet
Boden	Tlo
Busch	Grm
Garage	Garaža
Garten	Vrt
Gras	Trava
Hängematte	Viseća
Obstgarten	Voćnjak
Rasen	Travnjak
Rechen	Grablje
Schaufel	Lopata
Schlauch	Crijevo
Teich	Ribnjak
Terrasse	Terasa
Trampolin	Trampolin
Unkraut	Korov
Veranda	Trijem
Zaun	Ograda

Gartenarbeit
Vrtlarstvo

Art	Vrsta
Blatt	List
Blüte	Cvijet
Boden	Tlo
Botanisch	Botanički
Container	Kontejner
Essbar	Jestivo
Exotisch	Egzotično
Feuchtigkeit	Vlaga
Klima	Klima
Kompost	Kompost
Laub	Lišće
Obstgarten	Voćnjak
Saat	Sjemenke
Saisonal	Sezonski
Schlauch	Crijevo
Schmutz	Prljavština
Strauss	Buket
Wasser	Voda

Gebäude
Građevine

Bauernhof	Farma
Fabrik	Tvornica
Garage	Garaža
Haus	Kuća
Herberge	Hostel
Hotel	Hotel
Kabine	Kabina
Kino	Kino
Krankenhaus	Bolnica
Labor	Laboratorij
Museum	Muzej
Observatorium	Zvjezdarnica
Scheune	Staja
Schule	Škola
Stadion	Stadion
Supermarkt	Supermarket
Theater	Kazalište
Turm	Toranj
Universität	Sveučilište
Zelt	Šator

Gemüse
Povrće

Artischocke	Artičoka
Aubergine	Patlidžan
Blumenkohl	Karfiol
Brokkoli	Brokula
Erbse	Grašak
Gurke	Krastavac
Ingwer	Đumbir
Karotte	Mrkva
Kartoffel	Krumpir
Knoblauch	Češnjak
Kürbis	Bundeva
Olive	Maslina
Petersilie	Peršin
Pilz	Gljiva
Rübe	Repa
Salat	Salata
Sellerie	Celer
Spinat	Špinat
Tomate	Rajčica
Zwiebel	Luk

Geographie
Geografija

Atlas	Atlas
Äquator	Ekvator
Berg	Planina
Breite	Širina
Fluss	Rijeka
Gebiet	Područje
Hemisphäre	Hemisfera
Höhe	Visina
Insel	Otok
Karte	Karta
Kontinent	Kontinent
Land	Zemlja
Meer	More
Meridian	Meridijan
Norden	Sjever
Ozean	Ocean
Region	Regija
Stadt	Grad
Welt	Svijet
West	Zapad

Geologie
Geologija

Erdbeben	Potres
Erosion	Erozija
Fossil	Fosil
Geschmolzen	Rastopljen
Geysir	Gejzir
Höhle	Kaverna
Kalzium	Kalcij
Kontinent	Kontinent
Koralle	Koralja
Lava	Lava
Mineralien	Minerali
Plateau	Plato
Quarz	Kvarc
Salz	Sol
Säure	Kiselina
Stalagmiten	Stalagmiti
Stalaktit	Stalaktit
Stein	Kamen
Vulkan	Vulkan
Zone	Zona

Geometrie
Geometrija

Anteil	Proporcija
Berechnung	Izračun
Dimension	Dimenzija
Dreieck	Trokut
Durchmesser	Promjer
Gleichung	Jednadžba
Horizontal	Vodoravan
Höhe	Visina
Kreis	Krug
Kurve	Krivulja
Logik	Logika
Masse	Masa
Nummer	Broj
Oberfläche	Površina
Parallel	Paralelno
Quadrat	Kvadrat
Segment	Segment
Symmetrie	Simetrija
Theorie	Teorija
Winkel	Kut

Geschäft
Poslovanje

Arbeitgeber	Poslodavac
Budget	Proračun
Büro	Ured
Einkommen	Prihod
Fabrik	Tvornica
Geld	Novac
Geschäft	Dućan
Gewinn	Dobit
Investition	Ulaganje
Karriere	Karijera
Kosten	Trošak
Manager	Menadžer
Mitarbeiter	Zaposlenik
Rabatt	Popust
Steuern	Porezi
Transaktion	Transakcija
Verkauf	Prodaja
Ware	Roba
Währung	Valuta
Wirtschaft	Ekonomija

Gesundheit und Wellness #1
Zdravlje i Wellness # 1

Aktiv	Aktivan
Apotheke	Ljekarna
Arzt	Liječnik
Bakterien	Bakterije
Behandlung	Liječenje
Entspannung	Opuštanje
Fraktur	Lom
Gewohnheit	Navika
Haut	Koža
Höhe	Visina
Hunger	Glad
Klinik	Klinika
Knochen	Kosti
Medizin	Lijek
Medizinisch	Medicinski
Nerven	Živci
Reflex	Refleks
Therapie	Terapija
Verletzung	Ozljeda
Virus	Virus

Gesundheit und Wellness #2
Zdravlje i Wellness # 2

Allergie	Alergija
Anatomie	Anatomija
Appetit	Apetit
Blut	Krv
Diät	Dijeta
Energie	Energija
Genetik	Genetika
Gesund	Zdrav
Gewicht	Težina
Hygiene	Higijena
Infektion	Infekcija
Kalorie	Kalorija
Krankenhaus	Bolnica
Krankheit	Bolest
Massage	Masaža
Risiken	Rizici
Schlafen	Spavati
Sport	Sportski
Stress	Stres
Vitamin	Vitamin

Gewürze
Začini

Anis	Anis
Bitter	Gorak
Curry	Curry
Fenchel	Komorač
Geschmack	Okus
Ingwer	Đumbir
Kardamom	Kardamom
Knoblauch	Češnjak
Koriander	Korijander
Kreuzkümmel	Kumin
Lakritze	Slatki
Paprika	Paprika
Pfeffer	Papar
Safran	Šafran
Salz	Sol
Sauer	Kiselo
Süss	Slatko
Vanille	Vanilija
Zimt	Cimet
Zwiebel	Luk

Globale Erwärmung
Globalno Zagrijavanje

Arktis	Arktik
Aufmerksamkeit	Pažnja
Bevölkerung	Stanovništvo
Daten	Podaci
Energie	Energija
Entwicklung	Razvoj
Gas	Plin
Generationen	Generacije
Gesetzgebung	Zakonodavstvo
Industrie	Industrija
International	Međunarodni
Jetzt	Sada
Klima	Klima
Krise	Kriza
Lebensraum	Staništa
Regierung	Vlada
Temperaturen	Temperature
Umwelt	Ekološki
Wissenschaftler	Znanstvenik
Zukunft	Budućnost

Haartypen
Vrste Kose

Blond	Plavuša
Braun	Smeđ
Dick	Debeo
Dünn	Tanak
Geflochten	Pletena
Gesund	Zdrav
Glänzend	Sjajan
Grau	Siva
Kahl	Ćelav
Kurz	Kratak
Lang	Dugo
Locken	Kovrče
Lockig	Kovrčava
Schwarz	Crna
Silber	Srebro
Trocken	Suho
Weich	Mekan
Weiss	Bijeli
Wellig	Valovita
Zöpfe	Pletenice

Haus
Kuća

Besen	Metla
Bibliothek	Knjižnica
Dach	Krov
Dachboden	Potkrovlje
Decke	Strop
Dusche	Tuš
Fenster	Prozor
Garage	Garaža
Garten	Vrt
Kamin	Kamin
Küche	Kuhinja
Lampe	Svjetiljka
Möbel	Namještaj
Schlafzimmer	Spavaća Soba
Schornstein	Dimnjak
Spiegel	Ogledalo
Tür	Vrata
Wand	Zid
Zaun	Ograda
Zimmer	Soba

Ingenieurwesen
Inženjerska Umjetnost

Achse	Os
Antrieb	Pogon
Berechnung	Izračun
Diagramm	Dijagram
Diesel	Dizel
Durchmesser	Promjer
Energie	Energija
Flüssigkeit	Tekućina
Getriebe	Zupčanici
Hebel	Poluge
Konstruktion	Izgradnja
Maschine	Stroj
Messung	Mjerenje
Motor	Motor
Stabilität	Stabilnost
Stärke	Snaga
Struktur	Struktura
Tiefe	Dubina
Verteilung	Distribucija
Winkel	Kut

Insekten
Insekti

Ameise	Mrav
Biene	Pčela
Blattlaus	Lisne Uši
Floh	Buha
Gottesanbeterin	Bogomoljka
Heuschrecke	Skakavac
Hornisse	Stršljen
Kakerlake	Žohar
Käfer	Buba
Larve	Larva
Libelle	Vilin Konjic
Marienkäfer	Bubamara
Motte	Moljac
Mücke	Komarac
Schmetterling	Leptir
Termite	Termit
Wespe	Osa
Wurm	Crv
Zikade	Cvrčak

Jazz
Jazz

Album	Album
Alt	Star
Applaus	Pljesak
Berühmt	Poznati
Favoriten	Favoriti
Genre	Žanr
Improvisation	Improvizacija
Komponist	Skladatelj
Konzert	Koncert
Künstler	Umjetnik
Lied	Pjesma
Musik	Glazba
Musiker	Glazbenici
Neu	Novo
Orchester	Orkestar
Rhythmus	Ritam
Solo	Solo
Stil	Stil
Talent	Talent
Technik	Tehnika

Kaffee
Kava

Aroma	Aroma
Bitter	Gorak
Creme	Krema
Filter	Filtar
Flüssigkeit	Tekućina
Geröstet	Pržena
Geschmack	Okus
Getränk	Piće
Koffein	Kofein
Mahlen	Samljeti
Milch	Mlijeko
Morgen	Jutro
Preis	Cijena
Sauer	Kiselo
Schwarz	Crna
Tasse	Šalica
Ursprung	Podrijetlo
Vielfalt	Raznolikost
Wasser	Voda
Zucker	Šećer

Kleidung
Odjeća

Armband	Narukvica
Bluse	Bluza
Gürtel	Pojas
Halskette	Ogrlica
Handschuhe	Rukavice
Hemd	Košulja
Hose	Hlače
Hut	Šešir
Jacke	Jakna
Jeans	Traperice
Kleid	Haljina
Mantel	Kaput
Mode	Moda
Pullover	Džemper
Rock	Suknja
Schal	Šal
Schlafanzug	Pidžama
Schmuck	Nakit
Schuh	Cipela
Schürze	Pregača

Krankheit
Bolesti

Akut	Akutan
Allergien	Alergije
Ansteckend	Zarazan
Atemwege	Dišni
Bakteriell	Bakterijski
Chronisch	Kroničan
Entzündung	Upala
Erblich	Nasljedno
Genetisch	Genetski
Gesundheit	Zdravlje
Herz	Srce
Immunität	Imunitet
Knochen	Kosti
Körper	Tijelo
Neuropathie	Neuropatija
Schwach	Slab
Sinus	Sinus
Syndrom	Sindrom
Therapie	Terapija
Wellness	Wellness

Kräuterkunde
Herbalizam

Aromatisch	Aromatski
Basilikum	Bosiljak
Blume	Cvijet
Dill	Kopar
Estragon	Dragulj
Fenchel	Komorač
Garten	Vrt
Geschmack	Okus
Grün	Zelen
Knoblauch	Češnjak
Kulinarisch	Kulinarski
Lavendel	Lavanda
Majoran	Mažuran
Petersilie	Peršin
Qualität	Kvaliteta
Rosmarin	Ružmarin
Safran	Šafran
Thymian	Timijan
Vorteilhaft	Korisno
Zutat	Sastojak

Kreativität
Kreativnost

Ausdruck	Izraz
Authentizität	Autentičnost
Bild	Slika
Dramatisch	Dramatičan
Eindruck	Dojam
Erfinderisch	Inventivni
Fähigkeit	Vještina
Flüssigkeit	Fluidnost
Gefühle	Osjećaje
Ideen	Ideje
Inspiration	Inspiracija
Intensität	Intenzitet
Intuition	Intuicija
Klarheit	Jasnoća
Künstlerisch	Umjetnički
Phantasie	Mašta
Sensation	Osjećaj
Spontan	Spontano
Visionen	Vizije
Vitalität	Vitalnost

Kunst Liefert
Umjetnički Pribor

Acryl	Akril
Bleistifte	Olovke
Buntstifte	Bojice
Bürsten	Četke
Farben	Boje
Holzkohle	Ugljen
Ideen	Ideje
Kamera	Kamera
Kreativität	Kreativnost
Leim	Ljepilo
Öl	Ulje
Papier	Papir
Radiergummi	Brisač
Staffelei	Stalak
Stuhl	Stolica
Tabelle	Stol
Tinte	Tinta
Ton	Glina
Wasser	Voda

Landschaften
Krajolici

Berg	Planina
Eisberg	Ledena
Fluss	Rijeka
Geysir	Gejzir
Gletscher	Ledenjak
Golf	Zaljev
Halbinsel	Poluotok
Höhle	Špilja
Hügel	Brdo
Insel	Otok
Meer	More
Oase	Oaza
See	Jezero
Strand	Plaža
Sumpf	Močvara
Tal	Dolina
Tundra	Tundra
Vulkan	Vulkan
Wasserfall	Vodopad
Wüste	Pustinja

Länder #1
Zemlje № 1

Ägypten	Egipat
Brasilien	Brazil
Deutschland	Njemačka
Finnland	Finska
Indien	Indija
Irak	Irak
Israel	Izrael
Italien	Italija
Kambodscha	Kambodža
Kanada	Kanada
Lettland	Latvija
Mali	Mali
Nicaragua	Nikaragva
Norwegen	Norveška
Polen	Poljska
Rumänien	Rumunjska
Senegal	Senegal
Spanien	Španjolska
Venezuela	Venezuela
Vietnam	Vijetnam

Länder #2
Zemlje № 2

Albanien	Albanija
Äthiopien	Etiopija
Frankreich	Francuska
Griechenland	Grčka
Haiti	Haiti
Irland	Irska
Jamaika	Jamajka
Japan	Japan
Kenia	Kenija
Laos	Laos
Liberia	Liberija
Mexiko	Meksiko
Nepal	Nepal
Nigeria	Nigerija
Pakistan	Pakistan
Russland	Rusija
Sudan	Sudan
Syrien	Sirija
Uganda	Uganda
Ukraine	Ukrajina

Literatur
Književnost

Analogie	Analogija
Analyse	Analiza
Anekdote	Anegdota
Autor	Autor
Beschreibung	Opis
Biographie	Biografija
Dialog	Dijalog
Erzähler	Pripovjedač
Fiktion	Fikcija
Gedicht	Pjesma
Metapher	Metafora
Poetisch	Pjesnički
Reim	Rima
Rhythmus	Ritam
Roman	Roman
Schlussfolgerung	Zaključak
Stil	Stil
Thema	Tema
Tragödie	Tragedija
Vergleich	Usporedba

Mathematik
Matematika

Arithmetik	Aritmetika
Bruchteil	Frakcija
Dezimal	Decimala
Dreieck	Trokut
Durchmesser	Promjer
Exponent	Eksponent
Geometrie	Geometrija
Gleichung	Jednadžba
Parallel	Paralelno
Parallelogramm	Paralelogram
Polygon	Poligon
Quadrat	Kvadrat
Radius	Radijus
Rechteck	Pravokutnik
Senkrecht	Okomica
Summe	Suma
Symmetrie	Simetrija
Umfang	Opseg
Volumen	Volumen
Winkel	Kutovi

Meditation
Meditacija

Annahme	Prihvaćanje
Aufmerksamkeit	Pažnja
Bewegung	Pokret
Dankbarkeit	Zahvalnost
Freundlichkeit	Ljubaznost
Frieden	Mir
Gedanken	Misli
Geistig	Mentalno
Glück	Sreća
Klarheit	Jasnoća
Lehre	Učenja
Lernen	Učiti
Mitgefühl	Suosjećanje
Musik	Glazba
Natur	Priroda
Perspektive	Perspektiva
Ruhig	Miran
Stille	Tišina
Verstand	Um
Wach	Budan

Menschlicher Körper
Ljudsko Tijelo

Bein	Noga
Blut	Krv
Ellbogen	Lakat
Finger	Prst
Gehirn	Mozak
Gesicht	Lice
Hals	Vrat
Hand	Ruka
Haut	Koža
Herz	Srce
Kiefer	Čeljust
Kinn	Brada
Knie	Koljeno
Knöchel	Gležanj
Kopf	Glava
Mund	Usta
Nase	Nos
Ohr	Uho
Schulter	Rame
Zunge	Jezik

Messungen
Mjerenja

Breite	Širina
Byte	Bajt
Dezimal	Decimala
Gewicht	Težina
Grad	Stupanj
Gramm	Gram
Höhe	Visina
Kilogramm	Kilogram
Kilometer	Kilometar
Länge	Dužina
Liter	Litra
Masse	Masa
Meter	Metar
Minute	Minuta
Tiefe	Dubina
Tonne	Tona
Unze	Unca
Volumen	Volumen
Zentimeter	Centimetar
Zoll	Inč

Musik
Glazba, Muzika

Album	Album
Ballade	Balada
Chor	Zbor
Harmonie	Sklad
Harmonisch	Harmonijski
Improvisieren	Improvizirati
Instrument	Instrument
Klassisch	Klasični
Lyrisch	Lirski
Melodie	Melodija
Mikrofon	Mikrofon
Musical	Mjuzikl
Musiker	Glazbenik
Oper	Opera
Poetisch	Pjesnički
Rhythmisch	Ritmičan
Rhythmus	Ritam
Sänger	Pjevač
Singen	Pjevati
Tempo	Tempo

Musikinstrumente
Glazbeni Instrumenti

Banjo	Bendžo
Cello	Violončelo
Fagott	Fagot
Flöte	Flauta
Geige	Violina
Gitarre	Gitara
Gong	Gong
Harfe	Harfa
Klarinette	Klarinet
Klavier	Klavir
Mandoline	Mandolina
Marimba	Marimba
Mundharmonika	Harmonika
Oboe	Oboa
Posaune	Trombon
Saxophon	Saksofon
Schlagzeug	Udaraljke
Tamburin	Tamburaški
Trommel	Bubanj
Trompete	Truba

Mythologie
Mitologija

Archetyp	Arhetip
Blitz	Munja
Donner	Grmljavina
Eifersucht	Ljubomora
Held	Junak
Himmel	Nebo
Katastrophe	Katastrofa
Kreation	Stvaranje
Kreatur	Stvorenje
Krieger	Ratnik
Kultur	Kultura
Labyrinth	Labirint
Legende	Legenda
Magisch	Čarobni
Monster	Čudovište
Rache	Osveta
Stärke	Snaga
Sterblich	Smrtnik
Unsterblichkeit	Besmrtnost
Verhalten	Ponašanje

Natur
Priroda

Arktis	Arktik
Berge	Planine
Bienen	Pčele
Dynamisch	Dinamičan
Erosion	Erozija
Fluss	Rijeka
Friedlich	Mirno
Gletscher	Ledenjak
Heiligtum	Svetište
Heiter	Spokojan
Laub	Lišće
Lebenswichtig	Bitan
Nebel	Magla
Schönheit	Ljepota
Schutz	Sklonište
Tiere	Životinje
Tropisch	Tropski
Wald	Šuma
Wild	Divlji
Wüste	Pustinja

Obst
Voće

Ananas	Ananas
Apfel	Jabuka
Aprikose	Marelica
Avocado	Avokado
Banane	Banana
Beere	Bobica
Birne	Kruška
Brombeere	Kupina
Grapefruit	Grejp
Himbeere	Malina
Kirsche	Trešnja
Kiwi	Kivi
Kokosnuss	Kokos
Melone	Dinja
Orange	Naranča
Papaya	Papaja
Pfirsich	Breskva
Pflaume	Šljiva
Traube	Grožđe
Zitrone	Limun

Ozean
Ocean

Aal	Jegulja
Auster	Kamenica
Boot	Čamac
Delfin	Dupin
Fisch	Riba
Garnele	Škampi
Gezeiten	Plime
Hai	Morski Pas
Koralle	Koralja
Krabbe	Rak
Krake	Hobotnica
Qualle	Meduza
Riff	Greben
Salz	Sol
Schildkröte	Kornjača
Schwamm	Spužva
Sturm	Oluja
Thunfisch	Tuna
Wal	Kit
Wellen	Valovi

Ökologie
Ekologija

Art	Vrsta
Berge	Planine
Dürre	Suša
Fauna	Fauna
Flora	Flora
Freiwillige	Volonteri
Gemeinschaft	Zajednice
Global	Globalno
Klima	Klima
Lebensraum	Stanište
Marine	Pomorski
Nachhaltig	Održiv
Natur	Priroda
Natürlich	Prirodno
Pflanzen	Bilje
Ressourcen	Resursi
Sumpf	Močvara
Überleben	Opstanak
Vegetation	Vegetacija
Vielfalt	Raznolikost

Pflanzen
Biljke

Bambus	Bambus
Baum	Drvo
Beere	Bobica
Blatt	List
Blume	Cvijet
Blütenblatt	Latica
Bohne	Grah
Botanik	Botanika
Busch	Grm
Dünger	Gnojivo
Efeu	Bršljan
Flora	Flora
Garten	Vrt
Gras	Trava
Kaktus	Kaktus
Laub	Lišće
Moos	Mahovina
Vegetation	Vegetacija
Wald	Šuma
Wurzel	Korijen

Physik
Fizika

Atom	Atom
Beschleunigung	Ubrzanje
Chaos	Kaos
Chemisch	Kemijski
Dichte	Gustoća
Elektron	Elektron
Experiment	Eksperiment
Formel	Formula
Frequenz	Frekvencija
Gas	Plin
Geschwindigkeit	Brzina
Magnetismus	Magnetizam
Masse	Masa
Mechanik	Mehanika
Molekül	Molekula
Motor	Motor
Nuklear	Nuklearni
Partikel	Čestica
Relativität	Relativnost
Universal	Univerzalan

Psychologie
Psihologija

Bewertung	Procjena
Bewusstlos	Nesvjesno
Ego	Ego
Einflüsse	Utjecaji
Erinnerungen	Sjećanja
Gedanken	Misli
Ideen	Ideje
Kindheit	Djetinjstvo
Klinisch	Klinički
Kognition	Spoznaja
Konflikt	Sukob
Persönlichkeit	Osobnost
Problem	Problem
Sensation	Osjećaj
Therapie	Terapija
Träume	Snovi
Verhalten	Ponašanje
Wahrnehmung	Percepcija
Wirklichkeit	Stvarnost

Regierung
Vlada

Bezirk	Okrug
Demokratie	Demokracija
Denkmal	Spomenik
Diskussion	Rasprava
Freiheit	Sloboda
Friedlich	Mirno
Führer	Vođa
Gerechtigkeit	Pravda
Gesetz	Zakon
Gleichheit	Jednakost
Justiziell	Sudski
Nation	Narod
Politik	Politika
Rechte	Prava
Rede	Govor
Staat	Država
Symbol	Simbol
Unabhängigkeit	Nezavisnost
Verfassung	Ustav
Zivil	Građanski

Restaurant #2
Restoran Broj 2

Abendessen	Večera
Eis	Led
Fisch	Riba
Frucht	Voće
Gabel	Vilica
Gemüse	Povrće
Getränk	Piće
Gewürze	Začini
Kellner	Konobar
Köstlich	Ukusno
Kuchen	Torta
Löffel	Žlica
Mittagessen	Ručak
Nudeln	Rezanci
Salat	Salata
Salz	Sol
Stuhl	Stolica
Suppe	Juha
Vorspeise	Predjelo
Wasser	Voda

Säugetiere
Sisavci

Affe	Majmun
Bär	Snositi
Biber	Dabar
Elefant	Slon
Fuchs	Lisica
Giraffe	Žirafa
Gorilla	Gorila
Hund	Pas
Känguru	Klokan
Kojote	Kojot
Löwe	Lav
Panther	Pantera
Pferd	Konj
Ratte	Štakor
Schaf	Ovce
Stier	Bik
Tiger	Tigar
Wal	Kit
Wolf	Vuk
Zebra	Zebra

Schach
Šah

Champion	Prvak
Diagonal	Dijagonala
Gegner	Protivnik
Klug	Pametan
König	Kralj
Königin	Kraljica
Lernen	Učiti
Opfer	Žrtvovati
Passiv	Pasivno
Punkte	Točke
Regeln	Pravila
Schwarz	Crna
Spiel	Igra
Spieler	Igrač
Strategie	Strategija
Turnier	Turnir
Weiss	Bijeli
Wettbewerb	Natjecanje
Zeit	Vrijeme

Schokolade
Čokolada

Aroma	Aroma
Bitter	Gorak
Erdnüsse	Kikiriki
Essen	Jesti
Exotisch	Egzotično
Favorit	Omiljeni
Geschmack	Okus
Handwerklich	Zanatski
Kakao	Kakao
Kalorien	Kalorije
Karamell	Karamela
Kokosnuss	Kokos
Köstlich	Ukusno
Pulver	Prah
Qualität	Kvaliteta
Rezept	Recept
Süss	Slatko
Verlangen	Žudnja
Zucker	Šećer
Zutat	Sastojak

Schönheit
Ljepota

Anmut	Milost
Charme	Šarm
Dienstleistungen	Usluge
Duft	Miris
Elegant	Elegantan
Eleganz	Elegancija
Farbe	Boja
Fotogen	Fotogeničan
Haut	Koža
Kosmetik	Kozmetika
Lippenstift	Ruž
Locken	Kovrče
Öle	Ulja
Produkte	Proizvodi
Schere	Škare
Shampoo	Šampon
Spiegel	Ogledalo
Stylist	Stilist
Wimperntusche	Maskara

Science Fiction
Znanstvena Fantastika

Bücher	Knjige
Dystopie	Distopija
Explosion	Eksplozija
Extrem	Krajnost
Fantastisch	Fantastičan
Feuer	Vatra
Futuristisch	Futuristički
Galaxie	Galaksija
Geheimnisvoll	Tajanstveni
Illusion	Iluzija
Imaginär	Zamišljen
Kino	Kino
Orakel	Proročište
Planet	Planeta
Realistisch	Realno
Roboter	Roboti
Szenario	Scenarij
Technologie	Tehnologija
Utopie	Utopija
Welt	Svijet

Sport
Sport

Athlet	Sportaš
Ausdauer	Izdržljivost
Diät	Dijeta
Ernährung	Ishrana
Fähigkeit	Sposobnost
Gesundheit	Zdravlje
Joggen	Jogging
Knochen	Kosti
Körper	Tijelo
Maximieren	Maksimizirati
Metabolisch	Metabolički
Muskel	Mišići
Programm	Program
Radfahren	Biciklizam
Schwimmen	Plivati
Sport	Sportski
Stärke	Snaga
Tanzen	Ples
Trainer	Trener
Ziel	Cilj

Sport
Sportski

Athlet	Sportaš
Baseball	Bejzbol
Basketball	Košarka
Bewegung	Pokret
Eishockey	Hokej
Fahrrad	Bicikl
Gewinner	Pobjednik
Golf	Golf
Gymnasium	Gimnazija
Gymnastik	Gimnastika
Mannschaft	Tim
Meisterschaft	Prvenstvo
Schiedsrichter	Sudac
Schwimmen	Plivati
Spiel	Igra
Spieler	Igrač
Stadion	Stadion
Tennis	Tenis
Trainer	Trener

Stadt
Grad

Apotheke	Ljekarna
Bank	Banka
Bäckerei	Pekara
Bibliothek	Knjižnica
Blumenhändler	Cvjećar
Buchhandlung	Knjižara
Flughafen	Zračna Luka
Galerie	Galerija
Hotel	Hotel
Kino	Kino
Klinik	Klinika
Markt	Tržište
Museum	Muzej
Restaurant	Restoran
Schule	Škola
Stadion	Stadion
Supermarkt	Supermarket
Theater	Kazalište
Universität	Sveučilište
Zoo	Zoološki Vrt

Tage und Monate
Dani i Mjeseci

August	Kolovoz
Dezember	Prosinac
Dienstag	Utorak
Donnerstag	Četvrtak
Februar	Veljača
Freitag	Petak
Jahr	Godina
Januar	Siječanj
Juli	Srpanj
Juni	Lipanj
Kalender	Kalendar
Mittwoch	Srijeda
Monat	Mjesec
Montag	Ponedjeljak
November	Studeni
Oktober	Listopad
Samstag	Subota
September	Rujan
Sonntag	Nedjelja
Woche	Tjedan

Tanzen
Ples

Akademie	Akademija
Anmut	Milost
Ausdrucksvoll	Izražajan
Bewegung	Pokret
Choreographie	Koreografija
Emotion	Emocija
Freudig	Radostan
Haltung	Držanje
Klassisch	Klasični
Körper	Tijelo
Kultur	Kultura
Kulturell	Kulturni
Kunst	Umjetnost
Musik	Glazba
Partner	Partner
Probe	Proba
Rhythmus	Ritam
Springen	Skok
Traditionell	Tradicionalan
Visuell	Vidni

Technologie
Tehnologija

Anzeige	Prikaz
Bildschirm	Zaslon
Blog	Blog
Browser	Preglednik
Bytes	Bajtovi
Computer	Računalo
Cursor	Kursor
Datei	Datoteka
Daten	Podaci
Digital	Digitalni
Forschung	Istraživanje
Internet	Internet
Kamera	Kamera
Nachricht	Poruka
Sicherheit	Sigurnost
Software	Softver
Statistik	Statistika
Virtuell	Virtualan
Virus	Virus

Universum
Svemir

Asteroid	Asteroid
Astronom	Astronom
Astronomie	Astronomija
Atmosphäre	Atmosfera
Äon	Eon
Äquator	Ekvator
Breite	Širina
Dunkelheit	Tama
Galaxie	Galaksija
Hemisphäre	Hemisfera
Himmel	Nebo
Horizont	Horizont
Kosmisch	Kozmički
Längengrad	Dužina
Mond	Mjesec
Orbit	Orbita
Sichtbar	Vidljiv
Sonnenwende	Solsticij
Teleskop	Teleskop
Tierkreis	Zodijak

Urlaub #2
Odmor № 2

Ausländer	Stranac
Ausländisch	Strani
Berge	Planine
Camping	Kampiranje
Flughafen	Zračna Luka
Hotel	Hotel
Insel	Otok
Karte	Karta
Meer	More
Pass	Putovnica
Reise	Putovanje
Restaurant	Restoran
Strand	Plaža
Taxi	Taksi
Transport	Prijevoz
Urlaub	Odmor
Visum	Viza
Zelt	Šator
Ziel	Odredište
Zug	Vlak

Vögel
Ptice

Adler	Orao
Ei	Jaje
Ente	Patka
Eule	Sova
Flamingo	Flamingo
Gans	Guska
Huhn	Piletina
Krähe	Vrana
Kuckuck	Kukavica
Möwe	Galeb
Papagei	Papiga
Pelikan	Pelikan
Pfau	Paun
Pinguin	Pingvin
Rabe	Gavran
Reiher	Čaplja
Schwan	Labud
Spatz	Vrabac
Storch	Roda
Taube	Golub

Wandern
Planinarenje

Berg	Planina
Camping	Kampiranje
Führer	Vodiči
Gefahren	Opasnosti
Karte	Karta
Klima	Klima
Klippe	Litica
Müde	Umorni
Natur	Priroda
Orientierung	Orijentacija
Parks	Parkovi
Schwer	Teška
Sonne	Sunce
Steine	Kamenje
Stiefel	Čizme
Tiere	Životinje
Vorbereitung	Priprema
Wasser	Voda
Wetter	Vrijeme
Wild	Divlji

Wetter
Vrijeme

Atmosphäre	Atmosfera
Blitz	Munja
Brise	Povjetarac
Donner	Grmljavina
Dürre	Suša
Eis	Led
Himmel	Nebo
Hurrikan	Uragan
Klima	Klima
Monsun	Monsun
Nebel	Magla
Polar	Polarni
Regenbogen	Duga
Sturm	Oluja
Temperatur	Temperatura
Tornado	Tornado
Trocken	Suho
Tropisch	Tropski
Wind	Vjetar
Wolke	Oblak

Wissenschaft
Znanost

Atom	Atom
Chemisch	Kemijski
Daten	Podaci
Evolution	Evolucija
Experiment	Eksperiment
Fossil	Fosil
Hypothese	Hipoteza
Klima	Klima
Labor	Laboratorij
Methode	Metoda
Mineralien	Minerali
Moleküle	Molekule
Natur	Priroda
Organismus	Organizam
Partikel	Čestice
Pflanzen	Bilje
Physik	Fizika
Schwerkraft	Gravitacija
Tatsache	Činjenica
Wissenschaftler	Znanstvenik

Wissenschaftliche Disziplinen
Znanstvene Discipline

Anatomie	Anatomija
Archäologie	Arheologija
Astronomie	Astronomija
Biochemie	Biokemija
Biologie	Biologija
Botanik	Botanika
Chemie	Kemija
Geologie	Geologija
Immunologie	Imunologija
Kinesiologie	Kineziologija
Linguistik	Lingvistika
Mechanik	Mehanika
Mineralogie	Mineralogija
Neurologie	Neurologija
Ökologie	Ekologija
Physiologie	Fiziologija
Psychologie	Psihologija
Soziologie	Sociologija
Thermodynamik	Termodinamika
Zoologie	Zoologija

Zahlen
Brojevi

Acht	Osam
Achtzehn	Osamnaest
Dezimal	Decimala
Drei	Tri
Dreizehn	Trinaest
Fünf	Pet
Fünfzehn	Petnaest
Neun	Devet
Neunzehn	Devetnaest
Null	Nula
Sechs	Šest
Sechzehn	Šesnaest
Sieben	Sedam
Siebzehn	Sedamnaest
Vier	Četiri
Vierzehn	Četrnaest
Zehn	Deset
Zwanzig	Dvadeset
Zwei	Dva
Zwölf	Dvanaest

Zeit
Vrijeme

Früh	Rano
Gestern	Jučer
Heute	Danas
Jahr	Godina
Jahrhundert	Stoljeće
Jahrzehnt	Desetljeće
Jährlich	Godišnji
Jetzt	Sada
Kalender	Kalendar
Minute	Minuta
Mittag	Podne
Monat	Mjesec
Morgen	Jutro
Nach	Nakon
Nacht	Noć
Tag	Dan
Uhr	Sat
Vor	Prije
Woche	Tjedan
Zukunft	Budućnost

Gratuliere

Sie haben es geschafft !!

Wir hoffen, dass euch dieses Buch genauso viel Spaß gemacht hat wie uns dessen Herstellung. Wir tun unser Bestes, um qualitativ hochwertige Spiele zu erfinden. Diese Rätsel sind auf eine clevere Art und Weise entworfen, damit sie aktiv lernen und daran Vergnügen finden.

Hat ihnen das Buch gefallen ?

Eine einfache Bitte

Unsere Bücher existieren dank der Rezensionen, die sie veröffentlichen. Können sie uns helfen indem sie jetzt eine Meinung hinterlassen ?

Hier ist ein kurzer Link, der Sie zu ihrer Bewertungsseite führt

BestBooksActivity.com/Rezension50

MONSTER HERAUSFÖRDERUNGEN !

Herausförderung 1

Bereit für ihr Bonusspiel? Wir verwenden sie ständig, aber sie sind nicht einfach zu finden. Es sind die **Synonyme** !

Notieren sie 5 Wörter, die sie in den untenstehenden Rätseln (Nummer 21, 36 und 76) entdeckt haben und versuchen sie für jedes Wort 2 Synonyme zu finden .

Notieren sie 5 Wörter aus **Rätsel 21**

Wörter	Synonym 1	Synonym 2

Notieren sie 5 Wörter aus **Rätsel 36**

Wörter	Synonym 1	Synonym 2

Notieren sie 5 Wörter aus **Rätsel 76**

Wörter	Synonym 1	Synonym 2

Herausförderung 2

Jetzt, wo sie warm sind, notieren sie 5 Wörter, die sie in jedem der untenaufgeführten Rätseln entdeckt haben (Nummer 9, 17 und 25) und versuchen sie für jedes Wort 2 Antonyme zu finden. Wie viele davon können sie binnen 20 Minuten finden ?

*Notieren sie 5 Wörter aus **Rätsel 9***

Wörter	Antonym 1	Antonym 2

*Notieren sie 5 Wörter aus **Rätsel 17***

Wörter	Antonym 1	Antonym 2

*Notieren sie 5 Wörter aus **Rätsel 25***

Wörter	Antonym 1	Antonym 2

Herausförderung 3

Wunderbar, diese Monster Herausförderung wird kein Problem für sie sein !

Bereit für die letzte Herausförderung? Wählen sie ihre 10 Lieblingswörter aus, die sie in einem Rätsel entdeckt haben und notieren sie sie unten.

1.	6.
2.	7.
3.	8.
4.	9.
5.	10.

Die Aufgabe besteht nun darin mit diesen Wörtern und in maximal sechs Sätzen einen Text herzustellen über eine Person, ein Tier oder ein Ort den sie lieben !

Tipp : sie können die letzten leeren Seiten dieses Buches als Entwurf verwenden

Ihr Schreiben :

NOTIZBUCH :

AUF BALDIGES WIEDERSEHEN !

Linguas Classics

KOSTENLOSE SPIELE GENIESSEN

GO

↓

BESTACTIVITYBOOKS.COM/FREEGAMES